OLI[illegible]ADE

POLITIQUE

ET

MILITAIRE.

TOME SECOND.

OLIMPIADE
POLITIQUE ET MILITAIRE
OU
MEMOIRES ET OBSERVATIONS

Sur les affaires de la République de Hollande en particulier & sur celles de l'Europe en général.

PENDANT

les quatre années 1784, 1785, 1786 & 1787.

Prævidere & prævenire.

TOME SECOND.

M. DCC. LXXXVIII.

DECLARATION

préliminaire de la cour de Russie, en réponse au Manifeste de la Porte.

„Les différens qui ont agité sans cesse le repos & la tranquillité que la paix de Kainardgi, conclue en 1774 entre l'Empire de Russie & la Porte Ottomane, auroit dû rétablir, sont encore trop récens & trop connus, pour qu'il soit nécessaire d'en retracer ici le tableau. Il suffira de dire que depuis la conclusion de cette paix jusqu'à l'époque présente, la Porte a montré dans toute sa conduite le manque de foi le plus manifeste, & qui ne visoit à rien moins qu'à en rendre illusoires les stipulations les plus essentielles. „

„ Accablée de la multitude de preuves que la cour de Russie pourroit apporter de cette vérité, mais qu'elle se réserve pour un exposé plus détaillé, qu'elle publiera incessamment, elle se contente dans ce premier moment de citer les faits les plus récens, qui ont enfin amené un développement aussi inattendu que peu convenable au système pacifique qu'elle suivoit volontiers dans toutes les occasions : Elle se flattoit d'en avoir fixé un fondement inébranlable par la convention déclaratoire d'Aynaly-Cavack, conclue en 1779 ; par le Traité de commerce, & particulierement par la Transaction relative à la presqu'Isle de Crimée; dont le but, ainsi qu'on l'a démontré dès lors, n'étoit certainement point d'étendre les frontieres de l'Empire, mais bien plutôt de mettre fin aux désordres & aux brigandages continuellement exercés par les peuples qui habitoient cette presqu'Isle, attendu qu'on les soumît à une police, laquelle leur apprit à respecter les liens qui unissent une nation à l'autre ; police qui servit aussi à entretenir la bonne harmonie & intelligence sur les frontieres des deux Etats. C'étoient-là les objets des vœux sinceres de la cour de Russie ; & on les devoit bien aux soins qu'elle s'étoit donné pour y parvenir. „

„ En effet, après qu'on eût concilié des différens d'une nature si délicate & si importante, tout sembloit promettre un repos durable : mais à peine les choses furent-elles pacifiées ainsi & accordées d'une maniere amicale, sous la foi des traités & des engagemens les plus sacrés & les plus solemnels, que le ministere Turc, qui succéda à celui sous lequel toutes les négociations dont nous avons parlé jusqu'ici, se traiterent, montra des dispositions diamétralement contraires à leur esprit & à leur contenu. Il ne tarda point de faire naître des prétentions mal fondées, relativement à l'exportation du sel, qui avoit été accordée par le traité de paix aux habitans d'Oczakow, il s'opposa à l'admission des Consuls Russes dans quelques endroits de sa domination ; &, comme s'il avoit éprouvé que des objets de cette nature ne suffisoient point pour effectuer la rupture de la paix, à laquelle il pensoit dès-lors, il se permit enfin de protéger publiquement les invasions des Lesgis & des Tartares du Cuban, qui étoient restés ses sujets, vu qu'il porta les premiers à attaquer hostilement les Etats du czar *Héraclius*, qui avoit été reconnu vassal de l'Impératrice, & les autres à pénétrer jusqu'au delà des frontieres de la Russie, où ils volerent, pillerent tout ce qui ne fut pas défendu par les troupes réparties dans ces quartiers. „

„ L'Impératrice, fidele au plan de modération que son humanité & son amour pour la paix lui avoient fait, se contenta, en recevant cet avis, de faire prescrire à son ministre à Constantinople de réclamer les traités près du ministre Turc, & par conséquent de demander satisfaction au sujet des griefs si justes, auxquels on venoit de donner lieu : mais toutes les réclamations furent infructueuses. L'on opposa aux plaintes un ton dur & fier, très peu compatible avec les égards que les cours se doivent réciproquement. En attendant, les principes de l'Impératrice resterent invariables. Maîtresse de choisir les moyens, elle préféra encore une fois la voie des négociations ; & en conséquence elle fit à l'Empereur des Romains, son allié, ouverture de l'état des affaires: Elle accepta avec satisfaction l'offre que lui fit le roi de France, d'employer ses bons offices pour une médiation: Elle lui fit communiquer en confidence les points de ses prétentions; & ces monarques en reconnurent tous les deux l'équité & la justice. Enfin, pour ne négliger rien de ce qui pouvoit servir à conserver un bien aussi précieux que l'est le repos des peuples qui lui sont confiés, elle profita du voisinage des Etats Turcs, dont elle s'approcha durant le voyage mémorable qu'elle venoit d'achever, pour appeller près d'elle son Ministre accrédité à la Porte, à l'effet d'examiner d'autant mieux les causes des différens qui s'étoient élevés, & de convenir avec lui des moyens les plus efficaces pour un accommodement amiable. Dans des vues qui répondoient à ces sentimens, & dans la pleine confiance du respect, que les Turcs montreroient de leur côté, pour les engagemens subsistans, l'Impératrice renvoya son ministre à Constantinople. Aussi-tôt qu'il y fut de retour, le ministere Turc le fit appeller à une conférence. Là, au lieu que la Porte reprendroit les points, dont on avoit traité avant son départ, & au lieu d'acquiescer à la réintégration demandée, elle imagina de donner une nouvelle tournure aux affaires, puisque, de son côté, elle mit en avant des demandes & des prétentions, dont la premiere étoit contraire aux ſtipulations expreſſes des Traités, & les autres à la dignité de l'Impératrice ou plutôt aux intérêts de ſon Empire. „

„ Après que le miniſtere Turc fut ſorti de cette façon des bornes ; dans leſquelles le tenoient ces ſtipulations mêmes, il a cru pouvoir tout d'un coup lever entierement le maſque ; & il a découvert le deſſein, que probablement il avoit déjà eu depuis longtems, puiſqu'il déclara en termes clairs au miniſtre de Ruſſie, que la Porte ne ſe croyoit liée qu'uniquement par le traité de Kainardgi : Et comme les actes qui l'avoient ſuivi, n'avoient été qu'uniquement un effet de ſa complaiſance, elle croyoit ne devoir s'y tenir qu'autant que le demanderoit ſa convenance ou ſon bon plaiſir. Il prit néanmoins encore ſur lui de fixer au miniſtre de l'Impératrice un terme, dans lequel il devoit donner une réponſe catégorique aux prétentions qui lui avoient été communiquées ; & ce terme étoit borné au 20 du mois dernier (n. ſt.) Le ſuſdit miniſtre proteſta à juſte titre contre une demande ſi bruſque, ſi peu équitable, ſi contraire au droit des gens univerſellement reconnu & reſpecté par tous les peuples : il fit voir avec toute la dignité convenable, combien peu il étoit décent de fixer un terme, lorſqu'on traite avec une nation reſpectable & amie : il démontra même l'impoſſibilité phyſique qu'il y avoit d'avoir réponſe dans un délai auſſi court.

On ne l'écouta point. On avoit même refusé de l'entendre sur les griefs dont il avoit déjà demandé précédemment la réparation. Tout ce qu'il put obtenir fut la promesse de lui accorder une autre conférence, qui eut aussi lieu effectivement, mais dans laquelle il entendit répéter les mêmes demandes & les mêmes prétentions, sans qu'on y ajoutât rien, sinon une promesse vague de la réparation qu'il avoit demandée de son côté. „

„ Lorsque la nouvelle de ces deux conférences parvint à l'Impératrice, elle fut bien éloignée de s'abandonner au juste mécontentement que tout ce qui venoit de se passer auroit dû exciter dans son ame : elle différa toute résolution extrême ; & elle se crut permis de rester spectatrice d'une tentative qu'un manque de délicatesse & de circonspection, qu'on a coutume de voir assez souvent de la part du Ministere Turc, lui avoit fait hasarder, tandis que la suite a prouvé que c'étoit une partie déjà faite depuis longtems, qui alloit s'exécuter. Dans ces sentimens S. M. Impériale voulut combler toutes les preuves qu'elle avoit données de sa modération & de son éloignement de toutes les suites qu'une pareille situation des choses faisoit présager ; Elle voulut user de condescendance à l'égard de quelques-unes des prétentions que la Porte avoit mises en avant, quoiqu'elles ne fussent nullement fondées sur les Traités ; Aussi les ordres à cet effet alloient être expédiés au Maréchal Prince *Potemkin*, Commandant-Général de ses troupes sur les frontieres, lorsque tout-à-coup elle reçut la nouvelle, que sans attendre l'expiration du terme qu'elle avoit fixé elle-même, la Porte avoit fait appeller de nouveau M. de *Bulgakow* à une conférence le 6 (16) du mois dernier, & qu'après qu'elle lui eût proposé de signer un Acte, par lequel le traité de Commerce & la transaction concernant la presqu'Isle de Crimée étoient annullés, elle avoit sur son refus de cette signature, déclaré la paix rompue; qu'elle avoit fait arrêter l'envoyé de S. M. Impériale & l'avoit fait conduire au château des sept tours, où, au mépris du droit des Gens, il se trouve encore à présent prisonnier. „

„ Un pareil procédé présente de lui-même toutes les réflexions qu'il doit faire naître. La Porte a voulu unir à la perfidie l'attaque la plus insultante : Elle n'omet rien pour mettre au jour le désir le plus décidé qu'elle a nourri sans cesse, de rompre une paix qui lui avoit été accordée d'une maniere si magnanime. Provoquée par une conduite si offensante, l'Impératrice se voit obligée, quoique malgré elle, à prendre les armes, comme l'unique moyen qui lui reste pour maintenir des droits qu'elle a acquis au prix de tant de sang, & pour venger sa dignité blessée par les violences qu'on a faites à son Ministre. Entierement innocente de tous les maux, dont la guerre, qui va s'allumer, pourra être accompagnée. Elle a droit de compter, non-seulement sur la protection divine & les secours de ses amis, mais aussi sur les vœux de toute la *Chrétienté* pour le triomphe d'une cause aussi juste, que l'est celle dont elle se voit forcée à prendre la défense.

Observations du 29 Oct. 1787.

On remarque d'abord que la cour de Pétersbourg, ne pouvant nier les deux premieres imputations du manifeste Turc, se borne à les interpreter. La Crimée n'a point été envahie, mais seulement occupée par des troupes russes, non par le motif ambitieux d'étendre les frontieres de cet empire, mais seulement pour mettre l'ordre, la police chez un peuple inquiet & indiscipliné, dont la mauvaise conduite pouvoit à tout moment renouveller des contestations avec un voisin dont on désiroit trop de conserver l'amitié, pour ne pas prendre le moyen qu'on a jugé le plus propre à assurer cette bonne intelligence.

A l'égard du Kan de Teflis, ce Prince s'étant une fois déclaré Vassal de l'Empire russe, & s'étant soustrait par cette démarche à toute dépendance de la Porte, il est notoire que le Grand-Seigneur devoit par égard pour la puissance sous la protection de laquelle le Prince Héraclius avoit mis sa personne & ses Etats, empêcher efficacement les irruptions des Tartares & des Lesgis dans la Géorgie.

On voit dans le manifeste de la Porte une puissance vexée qui rougit de honte de sa foiblesse passée, & qui aspire à se venger, en reprenant sur l'usurpateur ce qu'il lui a enlevé.

Dans le manifeste Russe c'est une puissance qui s'excuse assez légérement d'une invasion évidente, sur la pureté de son intention, & qui trouve mauvais qu'on ne lui laisse pas prendre davantage.

Aux termes des deux manifestes comparés l'un à l'autre, même à ceux seulement de la déclaration de la Cour de Pétersbourg, on ne peut se refuser à la vérité de cette exposition.

Si dans les tems glorieux de la République de Pologne, où les armes polonoises avoient avantage sur celles des Czars de Moscovie, un corps d'armée républicaine se fût emparé de la souveraineté sur tous les Cosaques Zaporiski, sous le prétexte de leur donner de l'éducation, il est douteux que la Russie eût distingué entre ce procédé & une invasion.

Le dernier motif allégué dans le manifeste préliminaire, porte sur ce que l'Impératrice doit à sa dignité & au droit des gens violés dans la personne de son ministre, & ce motif est juste & de toute équité, en observant cependant que la démarche offensante d'avoir attenté à la liberté de M. de *Bulgakow*, est une espece de formalité consacrée par l'usage de la Porte, & qu'à ce titre, cette démarche n'a pas tout le révoltant d'une insulte personelle.

Ce qu'on juge de plus important à observer dans la déclaration préliminaire, c'est qu'elle fixe à la convention d'*Aynaly-Cavack* en 1779 l'époque précise des premiers temperamens de conciliation employés entre la Porte & la Russie, & toujours continués depuis avec une condescendance plus au moins humiliante, dont le Divan rougit aujourd'hui.

On voit par le manifeste, que ce double esprit de conciliation & de déférence se soutenoit encore pendant le voyage de Tauride, & que le ton du Divan n'a commencé à s'élever qu'après le départ de l'Impératrice de Cherson, & le retour de M. de *Bulgakow* à Constantinople. En observant que tout cet intervalle de tems pendant lequel le Ministere ottoman s'est tenu avec autant de résignation au régime des calmants, est précisément celui du ministere de M. le comte *de Vergennes*, & que c'est immédiatement après sa mort, que le même Ministere ottoman a éclaté par un acte de vigueur aussi peu conforme à la foiblesse habituelle à laquelle il s'étoit plié pendant huit années consécutives; on a bien de la peine à n'en pas conclure, ou que la Porte a cru devoir se soustraire de son chef à des inspirations qu'elle a jugées dégraantes, ou que la puissance amie dans laquelle elle avoit placé sa confiance, a changé de principes sur les conseils qu'elle avoit à donner à ses amis, & que ses insinuations étoient devenues aujourd'hui d'un caractere plus énergique.

Cette réflexion seroit encore propre à persuader que s'il y a eu effectivement quelques démarches stimulantes pour déterminer la Porte à la guerre, ce n'est pas à M. *Ainslie* qu'il faudroit en faire honneur.

C'est à la faveur de cette convention d'*Ayaly-Cavak*, que M. de *Vergennes* essaya de consolider la paix entre la Russie & la Porte, en leur faisant conclure un traité de commerce dont tout l'honneur lui appartient.

C'est sur les mêmes principes de conciliation permanente, que dès les premiers momens qui ont succédé à la guerre d'Amérique M. le Comte *de Vergennes* avoit entamé lui même avec la cour de Londres, celui auquel on a reconnu depuis qu'il a été signé, que l'Angleterre avoit eu ses raisons pour se prêter, & il a eu encore deux jours avant sa mort, la satisfaction d'apprendre que celui qu'il faisoit négocier en Russie, avoit été aussi heureusement conclu par l'ambassadeur du Roi à Pétersbourg avant le départ de l'Impératrice pour la Tauride.

Il n'y a pas d'apparence que ces trois traités lui survivent longtems.

On ne se rapelle pas positivement si c'est

ſur une carte, ou dans un livre qu'on a cru que toutes les mers s'oppoſoient à un traité de commerce entre la France & l'Angleterre, & que la Méditerranée s'oppoſeroit toujours à un traité de commerce entre la France & la Ruſſie.

On remarque comme une ſingularité, une des expreſſions de la déclaration préliminaire de la cour de Pétersbourg, c'eſt celle d'Empereur *des Romains*. C'eſt la premiere fois qu'on ait vû cette ſurabondance d'indication; elle frappe dans un écrit miniſtériel, & il y auroit peut-être pour un obſervateur prévoyant de grandes inductions à en tirer ſur la nature des vues de la cour de Pétersbourg, quand elle diſtingue avec autant de ſoin, une dignité qui juſqu'à préſent a été ſans pair.

Ces ſortes d'indices, tout *indéciſifs* qu'ils ſoient, ſont cependant des fils bons à ſaiſir pour ſe guider dans le cercle des ſpéculations politiques : la cour de Pétersbourg voudroit-elle préparer l'Europe par cette expreſſion, au rétabliſſement des deux Empires, & ſe propoſeroit-elle effectivement de juſtiffier les Prophéties des Patriarches Jérémie & Nicon ſur le rétabliſſement de l'Empire d'Orient?

Il paroîtroit cependant par ce qui eſt articulé à la fin de la déclaration préliminaire, ſur l'indulgence avec laquelle *Cathérine II* au moment même de l'exploſion du manifeſte de la Porte, ſe diſpoſoit à *condeſcendre* à quelques-unes des prétentions que les miniſtres ottomans avoient miſes en avant dans les deux conférences qu'ils avoient eues avec M. *de Bulgakow*, que cette Princeſſe ne jugeoit pas encore que le tems d'accomplir la prophétie fut arrivé, puiſqu'elle alloit faire paſſer au Prince de *Potemkin* ſon Général en Crimée, des ordres beaucoup plus doux que ceux qui avoient été annoncés au Divan *ex officio* par ſon miniſtre.

Cette phraſe porteroit à croire que ſoit que la cour de Pétersbourg ait été ſurpriſe de la réſolution de la Porte, ſoit qu'elle en fût déjà prévenue, elle ne feroit peut-être pas fachée, dans ce moment-ci, de gagner un peu de tems, pour ſe donner celui de réunir en hommes, en chevaux, en munitions de toute eſpece, & ſurtout en argent, les moyens qui lui ſont néceſſaires à l'ouverture d'une campagne dont le début pourroit être fort ſérieux. Ce nerf ſi indiſpenſable de la guerre peut avoit été un peu deſſéché par les dépenſes du grand voyage que la nouvelle Reine de Tauride à fait avec une magnificence & une profuſion de graces qui rendront effectivement ce brillant pélérinage longtems mémorable. Le grand intérêt que la gloire nationale verra à contribuer à celle de ſa ſouveraine, la portera ſans doute à de grands efforts pour remplacer promptement les vuides qu'une ſi grande Munificence peut avoir occaſionnés dans le tréſor de l'Etat, &

elle les fera avec zele & confiance, mais enfin ils peuvent n'être pas encore faits, & il paroîtroit que les circonstances doivent être instantes.

Les pertes réelles qu'a faites la flotte Russe sortie du port de Sebastonopol, pourroit avoir des suites facheuses, physiques & morales, contre la prophétie ; car sans parler de l'avantage que peut tirer un Iman adroit sur un peuple crédule & superstitieux d'un événement où il fera appercevoir la protection sensible du grand prophéte des vrais croyans, qui a daigné donner dans cette occasion aux fideles musulmans une preuve éclatante de la nullité des pseudo-Jérémiades & Niconiennes ; il est certain humainement parlant, que ce malheur réel que la prudence ne pouvoit ni prévoir, ni parer, pourroit en causer de bien plus grands encore, si dans ces circonstances, le Capitain Pacha revenoit de son expédition d'Egypte, & que réunissant à son pavillon tous les vaisseaux de la pointe d'Europe & ceux qui mouilloient avant la tempête sous Oczakow, il cherchoit à faire oublier par un grand succès contre les ennemis de l'Etat, dans la mer noire, l'insuffisance de ceux qu'on avoit attendus de lui dans la mer rouge contre les Beys rebelles. Telle capacité que puisse avoir le Prince *Potemkin*, il paroit que si le pavillon Turc avoit une supériorité bien décidée, & qu'il fût réellement maître de la mer, ce Général auroit de grandes difficultés à se soutenir avec avantage dans la Péninsule, surtout si les Tartares qui depuis, l'invasion, se sont dispersés en très grand nombre dans la Bessarabie & dans les environs de Bender, se réunissoient en corps sous Oczokow, & que, soutenus par la présence & la coopération d'une escadre ottomane dans le Degnitz, ils se portassent sur Pérécop & s'y établissent de façon à prévenir ou à intercepter la communication de la grande armée dont le Comte *Romanzow* doit avoir le Commandement, avec celle que le Prince *Potemkin* commande actuellement en Crimée.

On croit, & on a des raisons pour le croire, que ces mêmes Tartares auroient avec eux quelques officiers étrangers intelligens, qui régleroient non seulement leur marche sur les points convenables, mais même qui joignant les ressources du génie & de l'art aux attaques brusques & tumultueuses de ces guerriers indisciplinés, embarasseroient peut-être beaucoup des troupes, plus régulierement valeureuses sans doute, & surtout plus fermes; mais aussi moins agiles, & par cette raison, exposées à être tournées sur leurs flancs & sur leurs derrieres, par la nécessité où elles seroient de se concentrer dans un pays également difficile pour la sureté des emplacemens & pour celle des convois.

Telle activité qu'on se promette dans

les diversions que feroient les armes autrichiennes, soit sur Belgrade, soit en Moldavie; si les Turcs ne se laissent point distraire de la Crimée, & qu'ils en regardent le recouvrement comme leur objet essentiellement capital, toutes les opérations quelconques de leurs ennemis, sur tel autre point qu'elles soient dirigées, ne feront rien contr'eux, tant qu'une armée supérieure à la leur, soit Russe, soit Autrichienne, soit Polonoise, soit combinée de ces trois puissances, ne se sera pas établie entre le Bog & le Niester, pour s'opposer dans cette partie à la réunion des forces ottomanes, & qu'elle n'aura pas emporté, à tel prix que ce soit Oczakow, pour confirmer, si elle n'étoit que menacée, ou rétablir, si elle étoit rompue, la communication par Pérécop avec l'armée de Crimée.

On ne doute pas que les troupes russes ne fassent avec zele & ardeur tout ce qu'on peut attendre d'une nation justement fiere de ses succès & de la gloire de sa souveraine, mais enfin les Turcs sont des hommes qui dans d'autres tems ont été des guerriers redoutés, & qui pour le redevenir, n'ont besoin que d'un seul homme qui sache les conduire : on les a regardés comme des zéros dans la derniere guerre, mais en admettant la comparaison, ces zéros n'ont besoin que d'un chiffre marquant à leur tête pour en décupler la valeur. Ils ont la honte de Kaynargdi à laver,

ver; ils peuvent se souvenir du Pruth, & il est de la plus grande conséquence, pour le succès des armes de la Russie dans les premiers accès de leur courage renaissant, de ne leur pas laisser conformer leur confiance par des succès.

D'après ces observations sur l'état présent des choses, & sur leur état possible; en considérant surtout la quantité de troupes déjà rassemblées, pour former les armées Ottomanes & celles des deux cours impériales, les sommes énormes qu'il en a coûté pour ces grands mouvemens, pour les transports de l'artillerie & pour la formation des magasins; on sent combien peu doivent être fondées les espérances que quelques spéculateurs pacifiques s'obstinent à concevoir sur la possibilité d'étouffer encore la guerre déclarée entre la Porte & la Russie, avant qu'elle éclate entierement.

En examinant avec quelqu'attention, sur quel motif peut porter aujourd'hui cette confiance étonnante, on trouve que c'est principalement, pour ne pas dire uniquement, sur l'intérêt pressant qu'ils voient à la France, de s'interposer efficacement pour cette conciliation, & sur l'entiere déférence qu'ils croient que le Divan aura pour les insinuations du cabinet de Versailles.

„La France, dit-on, ne peut pas se dissimuler que l'intimité étroite qui subsiste aujourd'hui entre les cours de Londres &

de Berlin, quoique formée à l'occasion des affaires de Hollande, peut avoir des suites ultérieures, d'une nature très intéressante contr'Elle. L'aspect d'une guerre de terre à soutenir ne lui convient pas dans les arrangemens qu'elle a pris pour n'en faire qu'une de mer. „

„ Cinquante mille subsidiaires réunis aux troupes si nombreuses, si aguerries, si bien commandées du roi de Prusse, qui déjà sont à portée de prendre des quartiers sur sa frontiere, doivent absolument déterminer cette Puissance à ne rien négliger pour balancer promptement un armement aussi dangereux; & il n'y a que l'Empereur seul sur qui elle puisse compter pour contenir les ennemis qui se sont réunis contr'elle dans l'Empire. Il est évident qu'elle ne peut pas espérer de la cour de Vienne des secours aussi efficaces que ceux dont elle pourra avoir besoin, tant que *Joseph II* aura 160,000 hommes occupés sur le Danube, la Théysse & le Niester; il faut donc avant tout, qu'elle rende à ce Prince la plénitude de ses forces, pour qu'il en emploie une partie considérable contre le roi de Prusse, & qu'en occupant ce Prince à sa gauche sur la Vistule, l'Elbe & l'Oder, il l'empêche de se combiner à sa droite avec les troupes subsidiaires de l'Angleterre sur le Rhin, où cette combinaison seroit véritablement allarmante pour la France. „

„ L'alliance étroite où sont les deux cours Impériales, ajoute-t-on, emporte naturellement l'uniformité de vues & d'intérêts pour l'une & pour l'autre : conséquemment la France en se liant avec l'Empereur le fera aussi avec la Russie, & au moyen des puissans ennemis que cette couronne suscitera par cet arrangement à *Frédéric Guillaume*, n'ayant plus à combattre sa rivale que sur mer, elle pourra le faire au pair, & ramener les choses en Hollande au point où elles étoient avant la révolution qui a si rapidement relevé la puissance Stathoudérienne sur la ruine entiere du parti patriotique. „

„ Si la France, occupée de ses arrangemens intérieurs s'est laissé brusquer par l'entrée subite de M. le duc de Brunswick en Hollande ; si elle n'a répondu à la déclaration formelle de l'Angleterre que par son silence & son inaction, si surtout les différens corps de troupes allemandes qu'elle a vu la cour de Londres prendre à sa solde, ne lui ont plus permis de douter que cette puissance rivale n'eût encore d'autres vues que celles qu'elle annonçoit en Hollande, si en un mot sa prudence en a imposé d'abord à son ressentiment, elle n'en sent pas moins qu'il est également de son honneur & de son intérêt, de remplir, quoiqu'un peu plus tard, les engagemens qu'elle avoit pris & les résolutions qu'elle avoit *notifiées*. „

„ Aux termes d'intimité où sont actuellement les deux cabinets de Saint-James & de Berlin il n'y a qu'une intimité aussi étroite entre ceux de Versailles

& de Vienne qui puiſſe balancer avec égalité leurs forces réunies La France doit donc avant tout reſſerrer ſes liens avec l'Empereur. „

„ Les princes dont les troupes ont paſſé à la ſolde d'Angleterre, ſont les mêmes qui ſont entrés dans le *Furſtenbund* contre l'échange de la Baviere ; „

„ Cette aſſociation eſt donc aujourd'hui réunie & ſoudoyée par l'Angleterre, & dans la main du roi de Pruſſe, contre le vœu de l'Empereur & contre celui de la France : cette conſidération ſeule invite ces puiſſances à ſe réunir contr'elle. „

„ Que la France ſe prête donc à l'échange, qu'elle concourre, s'il le faut, au recouvrement de la Siléſie, qu'elle aille même juſqu'à aſſurer à *Joſeph II* l'affranchiſſement au moins partiel de l'Eſcaut, & il n'eſt pas vraiſemblable que l'Empereur ſe refuſe à des propoſitions de cette nature ; „

„ Eh bien les beſoins du moment y déterminent la France ; ainſi l'alliance eſt conclue, & les deux cours impériales peuvent être conſidérées, dès ce moment-ci, comme déjà liées offenſivement & défenſivement contre la Pruſſe & l'Angleterre. „

C'eſt en voyant ce nouveau revirement politique, non ſeulement annoncé comme prochain dans les feuilles publiques, mais même confirmé dans preſque toutes les lettres particulieres de Vienne comme de Paris, qu'on a cherché à s'éclairer ſur les raiſons qui pouvoient déterminer à lui donner une confiance auſſi générale : On n'a rien pu imaginer au delà des raiſonnemens qui viennent d'être expoſés.

On eſt bien éloigné, en partant des mêmes données, d'en conclure aux mêmes réſultats : C'eſt au contraire en s'appuyant ſur les mêmes principes, qu'on craint plus que jamais, de n'avoir vu que trop juſte ſur les ſuites haſardeuſes d'une combinaiſon menaçante, dont on ne connoit peut-être encore dans ce moment-ci que la moitié du danger.

En attendant que l'événement prononce déciſivement ſur le plus ou le moins de juſteſſe des calculs hypothétiques qu'on a faits ſur cette même combinaiſon, on ſe borne ſimplement à fixer ſa réflexion ſur le plus ou le moins de poſſibilité qu'auroit la France à ramener le Divan à des termes de conciliation avec les deux cours impériales ; car c'eſt ſur cette conciliation, comme préliminaire indiſpenſable, que doit porter d'abord la concluſion de l'alliance, & enſuite l'efficacité que la France ſe promettroit des forces des deux puiſſances contre l'Angleterre & *Frédéric Guillaume* réunis.

Dans les obſervations qu'on a faites ſur le manifeſte de la Porte, on a cru s'être convaincu, que (s'il étoit une puiſſance étrangere qui eût effectivement concouru à faire prendre au Divan une réſolution de vigueur) ce devoit être la France, non ſeulement à titre d'*ancienne & ſincera* alliée du Croiſſant, mais ſurtout par l'intérêt perſonel qu'elle pouvoit avoir à éloigner de l'Eſcaut le corps conſidérable de troupes Autrichiennes qui ſe portoient ſur ce fleuve.

Tout réel que fût ce motif, pour que M. de *Choiſeul* cherchât à porter le Divan à la guerre, il eſt sûr que c'eſt le ſeul dont il n'ait pas parlé; c'eſt le ſeul intérêt auſſi qui ait pu changer par la révolution des affaires en Hollande: toutes les autres conſidérations de gloire, de honte, de néceſſité dont M. de *Choiſeul* peut avoir tiré parti pour porter le Divan à prendre les armes, reſtent & ſont encore les mêmes aujourd'hui, quelles étoient il y a trois mois; ſur quoi le Miniſtre françois pourroit-il donc faire porter la verſatilité de ſa façon de les voir & de les juger? Lorſque tous les fraix en ſont faits, lorſque la fierté de la réponſe faite par la Porte à l'internonce Impérial, paroît avoir déjà rompu la barriere & ouvert la lice aux hoſtilités, lorſque tout cela s'eſt fait au vû, au ſçû, & peut-être par le conſeil du repréſentant de l'allié *ancien* & *ſincere*, comment ce même repréſentant, après avoir fait ſentir avec ſuccès, il y a ſi peu de tems, que le moment étoit venu de recouvrer la Crimée & de ſe relever de toutes les condeſcendances qu'on avoit eues pour la Ruſſie, en reviendroit-il à eſſayer de porter aujourd'hui le miniſtere Ottoman à confirmer les condeſcendances anciennnes, & à acheter par de nouvelles déférences, la conservation d'une paix qu'il lui auroit représentée comme honteuse & déshonorante pour le Croissant ?

On ne croit pas que même la vénalité, qui quelquefois sur l'ame des ministres turcs est la plus convaincante des raisons, pût faire changer la résolution du Grand Visir. On ne juge pas qu'il l'osât, surtout après l'impression qu'aura fait sur le peuple la prise du vaisseau de guerre jetté par la tempête dans les Dardanelles ; ce gage de la protection de *Mahomet* a surement trop exalté le courage musulman, pour que le ministre, qui en faisant la paix auroit l'air de douter du succès des armes Ottomanes après un miracle aussi évident, ne s'exposât pas à payer de sa tête son incrédulité.

En supposant donc même que l'ambassadeur François eût dans cette circonstance critique, des instructions pour acheter la complaisance du Visir au nouveau désir de sa cour, il trouveroit encore dans ce ministre l'amour de la gloire & celui de la vie en opposition à l'amour de l'argent.

Si cette conciliation préliminaire est indispensable (comme ceux même qui croient à l'alliance en conviennent) & que cette conciliation soit aussi difficile à effectuer qu'on vient de le voir ; qu'augurer de l'alliance même qui n'en doit être que la suite ?

Mais, dira-t-on, toute la force de cette observation ne porte essentiellement que sur le reproche de versatilité auquel M.

de *Choiseul* s'exposeroit en travaillant aujourd'hui à calmer des ressentimens qu'il auroit cherché à aigrir il y a si peu de tems ; ce qui suppose (peut-être gratuitement) que c'est cet ambassadeur qui a porté le Divan à la guerre ; mais si c'est effectivement au contraire M. d'*Ainslie* qui a été le véritable instigateur, alors la difficulté tombe d'elle-même. M. de *Choiseul*, en cherchant à concilier, ne fera que ce qu'ont toujours fait ses prédécesseurs depuis la convention d'Ayali-Cavack, & ce qu'il a fait lui-même depuis son arrivée à la Porte ; l'Ambassadeur de la Puissance rivale l'aura emporté sur lui pendant quelque temps, mais ce triomphe n'aura été qu'éphémere ; M. de *Choiseul* jouira de tous les avantages de l'uniformité de sa conduite, & il aura la gloire, en ramenant le Divan aux principes de conciliation & de déférence sur lesquels la cour de France a depuis si longtems réglé ses insinuations, de faire un nouvel arrangement entre les trois cours qui facilitera bientôt l'alliance énergique qu'il lui importe autant de conclure.

L'homme qui en observant cherche simplement à s'éclairer sur la vérité, a déjà jugé, par les observations précédentes, le peu d'importance qu'il doit mettre à cette objection ; il aura surement remarqué le seul cas où M. d'*Ainslie* auroit pu concourir au même but que M. de *Choiseul* & prendre la même route, quoique dans une vue totalement différente.

Mais en admettant cette ſuppoſition comme entierement vraie, & en voulant bien regarder M. d'*Aynslie* comme l'unique inſtigateur, comme l'inſtigateur excluſif de l'exploſion du Manifeſte Turc ; comme il ſeroit évident alors que l'Angleterre n'auroit cherché à ſuſciter de grandes affaires aux deux cours Impériales que par des motifs de la défiance où elle auroit été ſur les diſpoſitions de ces deux cours contre les projets concertés dans l'alliance Britannique ; combien plus active ne ſeroit pas la ſurveillance de cet ambaſſadeur Anglois pour conſerver ſon avantage, lorſqu'il ſeroit ſûr qu'une alliance offenſive de ces deux cours avec la France, contre l'Angleterre & ſon allié, devroit être le réſultat du ſuccès de ſon antagoniſte ? Que de bonnes raiſons, que de titres n'auroit-il pas à faire valoir & contre la France & contre le Viſir même, s'il oſoit revenir contre une réſolution où l'honneur & la religion de la Porte ſont actuellement engagés, & qu'il propoſât honteuſement au Grand-Seigneur ſon maître, de remettre à ſes pieds, ſans l'avoir tiré du foureau, le ſabre vengeur dont il l'a armé ?

Il n'eſt donc, en examinant l'état actuel des choſes, aucun cas raiſonnablement préſumable où on puiſſe étouffer le feu dans ſa naiſſance & prévenir la guerre du Levant. C'eſt cependant ſur cette conciliation que porte l'alliance projettée. Que conclure ?

Il y a en politique quelques points fixes

ſur leſquels le ſpéculateur, dans l'incertitude de la route qu'il doit ſuivre, prend en quelque façon ſes hauteurs pour ne pas s'égarer.

Tels ſont, à ce qu'on croit, ceux d'une intelligence naturellement établie entre la cour de Vienne & celle de Londres, entre la cour de Londres & celle de Pétersbourg, & entre les deux cours Impériales :

On regarde ces trois cours comme étant immuablement unies d'intérêt ; elles peuvent quelquefois ſe bouder, mais elles ne ſont jamais ſérieuſement brouillées. C'eſt principalement ſur cette impoſante obſervation qu'on regarderoit une alliance offenſive de la France & des deux cours impériales contre l'Angleterre, comme impoſſible.

Il n'en ſeroit pas de même s'il étoit queſtion du roi de Pruſſe ſeul ; mais tant que ce Prince ſera auſſi étroitement uni qu'il l'eſt actuellement à l'Angleterre, cette ſorte de *coadunation*, ſi on peut ſe ſervir de ce terme, empêchera toujours de prendre contre lui aucun engagement offenſif.

Ecartons à préſent, par ſurabondance de conviction, toute eſpece de difficultés ſur cette pacification préliminaire ; regardons-la comme faite, conſidérons l'alliance en elle-même, & les conditions auxquelles on ne peut pas croire que l'Empereur puiſſe ſe refuſer.

Ces conditions ſeroient donc, d'abord le concours de la France à l'échange projetté de la Baviere ?

Mais on a vu dans les résultats possibles d'une combinaison qui l'est aussi, que ce même échange pouvoit avoir lieu, même avec l'agrément de tous les Princes qui s'y étoient le plus opposés, & que les mêmes Princes, y concourroient d'autant plus volontiers que chacun d'eux gagneroit beaucoup aux différens arrondissemens qui rapprocheroient également par échange, les possessions éparses des différens Etats de l'Empire Germanique.

En second lieu, la coopération de la France au recouvrement de la Silésie, si les armes de l'alliance étoient heureuses?

Ce recouvrement peut être cher sans doute à la maison d'Autriche & il est très *à prévoir* qu'elle s'en occupera un jour; mais ce désir peut être suspendu actuellement par de bonnes raisons; le recouvrement même de la Silésie peut être compensé par un autre d'une valeur peut-être encore plus intéressante, et l'Empereur de plus, peut se flatter qu'il n'y auroit point pour lui parité de hasards à courir.

Enfin, l'affranchissement partiel de l'Escaut?

On croit à cet égard qu'il est plus que vraisemblable que l'Empereur sait déjà à quoi s'en tenir; non plus sur une liberté partielle, mais même, sur une pleine & entiere commmunication des trois embouchures de ce fleuve à la Mer. C'est plus particulierement sur cet objet qu'on dirigeoit les idées consignées dans le mémoire du 12 ſeptembre 1786, & depuis renouvellées dans les réflexions qu'on faiſoit l'hyver dernier ſur des prétentions qu'on croyoit évidemment indiquées par la conſtruction du nouveau fort de Hazen-graz, & qu'on a cru depuis bien plus étendues, en les jugeant ſur le concert qu'on ſoupçonnoit dans la note du 6 ſeptembre dernier, d'après l'emplacement reſpectivement latéral où les drapeaux autrichiens & pruſſiens ſe feroient trouvés à la gauche du Rhin, ſi la marche rétrograde de l'armée Autrichienne vers le Danube n'avoit pas eu lieu.

C'eſt cet article eſſentiel à la ſatisfaction de l'Empereur & au bien-être d'un pays dont il ne s'eſt peut-être jamais propoſé de punir l'inſurgence que par un bienfait ſi éclatant, qu'on a entendu, en parlant des *prétentions annexées à l'arrangement final de la Hollande.*

S'il eſt vrai, comme il eſt au moins poſſible, que l'armement de l'Empire, dont on voit aujourd'hui tous les Princes, de l'Ocker au Bas-Rhin, ligués directement contre la France (puiſqu'ils ſont à la ſolde de l'Angleterre & à la diſpoſition du roi de Pruſſe) devienne entierement collectif par la réunion des princes & états de la bande parallele, de la Moldaw au Haut-Rhin, & qu'enfin cette ligue, dont une partie a été originairement formée pour un autre objet, n'ait plus d'autre chef que celui de l'Empire même;

Quel peut donc être au jugement de l'homme qui réfléchit, l'objet de cette réunion univerſelle, ſi ce n'eſt pas celui qu'on a cru devoir ſoupçonner?

C'eſt cette perſpective qu'on avoit en vue dans la lettre du 2 mars 1787 indiquée dans la note du 6 ſeptembre dernier; c'eſt elle qu'on a déſignée, en rappellant l'uſage qu'avoit fait le roi régnant de Pologne d'un ſemblable moyen, en ſe déclarant lui-même le chef de la grande confédération dont ſes ennemis avoient été les promoteurs.

Dans ce moment même où l'on parle encore en France d'eſpérances de paix, de déſarmemens agréés par l'Angleterre, d'engagemens ſacrés pris de roi à roi pour éviter toutes hoſtilités,.... où l'on négocie enfin, & ſurement de bonne foi, de la part du cabinet de Verſailles; on a ici la certitude que la cour de Londres négocie auſſi de nouveaux ſubſidiaires en Allemagne; qu'il eſt queſtion de 6000 Heſſois de plus, & qu'effectivement les recrues dans ce Landgraviat ſe font avec la plus étonnante vivacité.

On fait encore, (& quoique ce ne ſoit qu'un indice, il eſt cependant bon à remarquer) que tous les jeunes anglois qui étoient au collége Carolin à Brunſwick en ont été rappellés pour être placés dans de nouveaux régimens en Angleterre.

On a de plus des notions que le comte de *Bentinck* a été, ou a dû aller de la Haye à

Munich pour y traiter d'un corps ſubſidiaire de Bavarois & de Palatins ; on ignore ſi cette négociation a eu ſon effet ; mais on ne croit pas moins eſſentiel d'obſerver que ſi cette tentative a eu lieu, elle ne peut avoir été faite que ſur la poſſibilité d'une réuſſite quelconque, & cette poſſibilité prouveroit clairement que la ligue connue pour être ſoudoyée par l'Angleterre, a néceſſairement un objet tout autre que celui du *Furſtenbund* originaire, dans lequel on ne ſe ſeroit ſurement pas propoſé comme une choſe poſſible, de faire entrer les Bavarois.

Il eſt encore important d'obſerver que ce ſont cependant ces mêmes troupes Bavaroiſes qui ſe trouvent au centre de la communication de la Moldaw au Haut-Rhin.

Quel augure la prévoyance politique auroit-elle à tirer des ſuccès de la miſſion du comte de *Bentinck*? Quel augure peut-elle tirer même de la tentative qu'il a faite, ſi les notions qu'on a eues ſur ce ſujet ſont effectivement fondées ?

Si ce grand corps doit effectivement être armé dans des vues auſſi dangereuſes contre la France que celles dont on craint d'avoir trop bien établi la poſſibilité, on le répete, & on croit devoir le faire, comme un objet de la plus importante conſidération, non ſeulement à la gloire de la France, mais même à la conſervation de l'intégrité de ſes poſſeſſions actuelles, même dans nôtre continent; c'eſt l'Angleterre qu'il faut en rendre reſponſable. C'eſt elle qui eſt évidemment le point central de cette réunion de forces coloſſales ; c'eſt au cœur qu'il faut ſe preſſer de percer le géant.

La nature même des meſures ſi diſpendieuſes qu'a cru devoir prendre la cour de Londres pour s'aſſurer l'avantage de la terre, eſt une preuve évidente de ſon inquiétude ſur l'autre élément.

L'Etat floriſſant où elle voit que la marine Françoiſe & Eſpagnole ſont parvenues, calculé ſur l'indiſſolubilité des liens du ſang & de ceux du pacte de famille, eſt, depuis la derniere guerre ſurtout, & plus particulierement encore, depuis les ouvrages faits à Cherbourg, non ſeulement un objet de jalouſie pour l'Angleterre, mais il en eſt un d'allarmes.

Il eſt impoſſible qu'une nation éclairée & attentive ne ſente pas tous les dangers qu'elle pourroit avoir à courir ſi les deux pavillons réunis, à la faveur du nouveau Port, ſe rendant après un grand ſuccès, maîtres de la mer, aſſuroient un tranſport & un débarquement ſur ſes côtes.

L'Angleterre par ſa conſtitution qui ne lui permet pas d'avoir de grandes places fortes, ne peut mettre ſa confiance pour ſa ſureté que dans ſes fortereſſes mobiles ſur l'Océan, & elle ne peut ſouffrir la parité de moyens de la part de ſes émules.

L'équité ne peut être ſur ce point la régle du cabinet Britannique, & dans un tems de gloire où ses succès lui permettoient de se dévoiler, il ne se cachoit pas de ses principes.

Ce que m'expose Votre Excellence, disoit le Pitt de 1756 à l'Ambassadeur d'Espagne, peut être juste, mais nous ne sentirons cette justice, que lorsque votre canon aura fait taire celui de la cour de Londres. Si le Pitt de 1787 ne prend pas tout à fait le même ton, ce n'est pas que le fond des principes politiques ait changé: mais ce sont les circonstances qui exigent un peu plus de déférence, au moins jusqu'à ce qu'on voie tous les moyens terrestres assez avantageusement disposés pour s'expliquer avec plus de fierté. L'exemple récent que la France vient d'avoir en Hollande du dégré de confiance qu'on peut prendre dans les négociations, est une leçon dont elle pourroit profiter pour rompre à propos & avec éclat celle qu'elle suit encore en Angleterre.

Telle activité qu'ait pû mettre la Grande-Bretagne dans ses armemens de Mer, elle ne peut être au pair avec la France. Telle activité que mette la France dans ses armemens de terre, ils ne seront jamais au pair des forces dont elle est menacée.

EXTRAIT

EXTRAIT

des résolutions de L. N. P. les Etats du pays d'Utrecht.

„ Délibération fur ce eue, il a été trouvé bon d'autorifer MM. les Députés de cette province aux Etats-Généraux, ainfi qu'ils font autorifés par la préfente, à faire ouverture à l'affemblée de L. H. P. & à y propofer, attendu la part, que les cours de Londres & de Berlin ont bien voulu prendre aux différens qui ont conduit cette République jufqu'au bord de fa ruine irréparable, ainfi que les efforts qu'elles ont faits pour y rétablir le repos & l'union, s'il ne feroit pas utile & conforme aux vrais intérêts de la patrie, tant pour conferver & rétablir ultérieurement la tranquillité, que pour empêcher tout trouble, qui pourroit être fait à la République tant en dedans qu'en dehors, qu'on tâchât de conclure des alliances défenfives plus étroites, auffi avec les couronnes d'Angleterre & de Pruffe, fur le même pied que ces engagemens ont actuellement lieu avec la cour de France pourvu néanmoins que telle alliance pût être effectuée à des conditions équitables & favorables au plus grand avantage de la République, & pourvu que le *cas de l'alliance* (*Cafus Fœderis*) y ſoit déterminé & défini auſſi clairement que poſſible, afin qu'en de pareilles occaſions la République ſoit préſervée de toutes diſcuſſions déſagréables ſur ce point, comme autrefois il y en a eu de cette nature ; de façon auſſi que la voie reſte ouverte à d'autres Puiſſances pour accéder à cette alliance. „

„ Autoriſant ultérieurement L. N. P. MM. leurs Députés ſuſdits aux Etats-Généraux, au cas qu'on trouvât pareillement près des autres confédérés de l'inclination pour une telle alliance définitive, de diriger alors les choſes de façon que de la part de L. H. P., ſa Majeſté le Roi de Pruſſe ſoit remerciée par lettre de la délivrance procurée à cette République, & de faire connoître en même tems le déſir de L. H. P. de conclure une alliance défenſive avec ſa Majeſté Pruſſienne à des conditions équitables & raiſonnables, telles qu'on jugera être le plus à l'avantage des deux pays, avec communication ultérieure, que L. H. P. ont auſſi deſſein de propoſer une pareille alliance défenſive à S. M. Britannique, & qu'attendu les liaiſons qui ſubſiſtent entre S. M. Pruſſienne & le roi de la Grande-Bretagne, elles s'aſſurent que ce deſſein ne ſera pas déſagréable à S. M. Pruſſienne ; & qu'il ſoit fait de la même façon le plutôt poſſible par L. H. P. une propoſition ſemblable à S. M. Britannique ; MM. les Députés aux Etats-Généraux étant enfin autoriſés auſſi, vu que L N. P. ne ſauroient s'attendre qu'à voir présentement les troupes Prussiennes quitter au plutôt le territoire de cette République, à faciliter & à avancer cette retraite autant que possible, ou au cas qu'il fût jugé nécessaire, pour la sureté de la République, d'y retenir ces troupes encore quelque tems, que dans ce cas Sa Majesté Prussienne soit priée de laisser quelques peu de régimens, pour certain tems à fixer, à la solde & au serment de la République. „

Observations sur l'extrait des résolutions des Etats du pays d'Utrecht.

Du 6 novembre 1787.

La résolution prise par les Etats de la province d'Utrecht, le 12 du mois dernier, & envoyée le même jour à leurs députés pour être communiquée aux seigneurs Etats-Généraux, & prise en considération par les représentans des autres Provinces, est une des pieces ministérielles les plus propres à piquer la curiosité de l'observateur & à intéresser sa pénétration.

On ne peut s'empêcher d'être frappé à la lecture de cet écrit, du contraste des différens sentimens, dont on voit que L. N. P. ont été préoccupées dans leur délibération : la crainte s'y trouve à côté de la tranquillité, la précaution à côté de la confiance, la reconnoissance même du service rendu, n'exclût pas l'idée du danger qu'on pourroit avoir à courir par les ſuites déjà inquiétantes de l'obligation contractée : Il ſembleroit preſque en comparant les dernieres phraſes de la réſolution aux premieres, que les unes auroient été dictées par l'autorité, & que les autres le feroient par la réflexion.

Ce qui paroîtroit même confirmer dans cette façon de juger la réſolution priſe par L. N. Puiſſances, eſt la ſorte de ſoumiſſion avec laquelle elles s'expliquent ſur l'agrément que S. M. Pruſſienne voudra bien donner aux démarches propoſées pour faire entrer la cour de Londres dans l'alliance étroite qu'il eſt queſtion de conclure avec celle de Berlin. Quelle différence entre le ton de déférence qu'on preſcrit comme regle de conduite dans la négociation à entamer avec S. M. Pruſſienne, aux repréſentans du pouvoir collectiſ, & ceux que ces mêmes repréſentans avoient adoptés dans leurs réponſes aux repréſentations même réitérées de *Frédéric II*?

Combien la préſence de quelques bataillons eſt impoſante ! Après avoir été les premiers à appeller le bras vengeur qui s'eſt appéſanti ſur ceux de leurs concitoyens qui n'étoient pas du même avis qu'eux, ſur le plus ou le moins d'étendue qu'il convenoit au bien de la République de donner à la Puiſſance Stathoudérienne, comment MM. les Etats d'Utrecht ſont-ils auſſi les premiers à craindre, que le même bras qui les a ſi bien ſervis, ne finiſſe par s'appeſantir ſur eux ? car, de tous les motifs qui ont concouru à faire prendre la réſolution, il n'en eſt point qui ſoit plus clairement exprimé que celui du déſir de voir ces mêmes Pruſſiens, ſi ardemment ſouhaités, quitter le plus promptement poſſible le territoire de la République ; c'eſt à faciliter & accélérer cette retraite que tendent principalement les vœux de L. N. P. C'eſt principalement pour être délivrés de ces hôtes bienfaiſans, qui au prix de leur ſang, & en verſant celui de leurs concitoyens, ont ſauvé la République du précipice où elle alloit ſans eux irréparablement ſe perdre, que toute la réſolution des Etats d'Utrecht paroit avoir été priſe ; ils ne peuvent diſſimuler combien une plus longue hoſpitalité leur ſeroit à charge.

Le ſentiment même de la crainte imminente, qui, malgré le triomphe de la cauſe Stathoudérienne, pourroit renouveller les troubles au dedans & au dehors, ne peut l'emporter ſur le déſir urgent qu'ont L. N. Puiſſances de perdre de vue des amis ſi impoſans ; même en cédant à la poſſibilité du beſoin qu'ils pourroient encore avoir de leur ſecours, ils indiquent avec trop de ſoin les précautions qu'il conviendroit de prendre dans le cas où la ſureté publique & la permanence de la révolution exigeroient qu'on conſervât pendant l'hyver une partie de ces troupes, pour qu'on puiſſe ſe méprendre à la répugnance extrême avec laquelle ils céderoient à cette fâcheuse nécessité. Quelque peu de régimens, disent les seigneurs Etats, voilà pour la parcimonie ; & que ces corps passant à la solde de la République, y soient aussi à son serment ; voilà pour la méfiance.

Pour développer avec ordre & clarté les différentes idées que ne peut manquer de faire naître à tout lecteur réfléchissant cette exposition vraie & simple de la sorte d'anxiété où se trouvoient les seigneurs Etats de la régence d'Utrecht en délibérant & en résolvant l'ordre dont ils ont chargé leurs députés, il est indispensable pour tirer du présent des inductions sur l'avenir, de se rappeller d'abord, que dans le Mémoire du 12 septembre 1786 on a lu les deux phrases suivantes. (*)

Les vues de l'Empereur, comme duc de Brabant, ont été trop à découvert dans l'affaire de l'Escaut, pour qu'on s'aveugle sur celles que ce Prince conserve ou du moins peut conserver sur l'usage de ce fleuve.

Il est facile de calculer celles du roi de Prusse sur son intérêt de contiguité & de convenance, indépendamment de ses liaisons de consanguinité avec la maison Stathoudérienne.

C'est sur cet intérêt de convenance respective qu'on annonçoit à cette époque qu'il étoit possible que les deux cours de Vienne & de Berlin s'entendissent, & c'est encore en pensant au même intérêt res-

---

(*) Premier volume, page 13.

pectif de ces deux cours, que dans la note du 6 de ſeptembre dernier, on jugeoit qu'il étoit au moins très vraiſemblable qu'elles s'étoient entendues, & que la poſition où les deux armées Pruſſienne & Autrichienne ſe feroient trouvées à la gauche du Rhin, ſi la derniere avoit continué ſa marche, annonçoit entr'elles une convention quelconque, dont le précis étoit, ou du moins pouvoit être, paſſez-moi leur Gueldre & je vous paſſerai leur Brabant.

On ſe rappellera encore certaine (*) lettre écrite le 6 mai de cette année dans laquelle on annonçoit M. le duc régnant de Brunſwick comme chef de l'armée déjà deſtinée à paſſer en Hollande & qui n'y a effectivement paſſé depuis, ſuivant le manifeſte, que pour forcer les Etats d'Hollande à faire ſatisfaction à S. A. R. Madame la Princeſſe d'Orange; mais l'armée n'en étoit pas moins décidée, & le Général choiſi deux mois avant l'offenſe; il y avoit donc d'autres vues alors que celles qu'on a manifeſtées, depuis l'oppoſition que l'on avoit miſe au voyage de S. A. R. à la Haye,

On ſe reſſouviendra également que dans le même mémoire du 12 ſeptembre 1786 (**) après avoir fixé l'attention du patriote auquel il étoit adreſſé ſur les ſuites poſſibles des diſſenſions funeſtes dont ſon pays étoit

(*) Premier volume, page 16.

(**) Premier volume, page 19.

déchiré, on ne voyoit d'autre ressource à la République que la confiance qu'elle avoit droit de mettre dans l'intérêt que la France son alliée prendroit à sa conservation & *pour elle-même*, & en vertu des engagemens pris par son dernier traité; on observoit en même tems, comme une considération importante *à prévoir*, que la France s'étant engagée aux sept Provinces, *un ministere circonspect pouvoit se trouver embarrassé de lever la difficulté lorsque le vœu ne seroit plus collectif.*

Messieurs les Etats d'Utrecht commenceroient-ils aujourd'hui à pressentir la possibilité de voir se réaliser les deux premiers sujets de craintes motivées sur les convenances respectives des deux cours de Vienne & de Berlin?

Auroient-ils déjà eu quelque motif d'inquiétude sur le prix que S. M. Prussienne pouvoit mettre à l'efficacité de ses services?

En observant que l'Empereur évacuoit ses dépôts d'artillerie à la droite de l'Escaut, & en faisoit distribuer une quantité considérable dans sa citadelle d'Anvers & dans ses nouveaux forts de Lillo, de Liefkensoëck & de Hazen-graz, à la gauche de ce Fleuve, les seigneurs Etats d'Utrecht soupçonneroient-ils que ces moyens de défense en peuvent devenir d'attaque pour les forteresses de la généralité?

D'un autre côté; dans les dispositions prochaines des quartiers d'hyver d'une partle des troupes Prussiennes dans quelques villes de la Gueldre & de leur propre province, peut être dans la ville d'Utrecht même, n'auroient-ils point quelqu'appréhension que ces emplacemens missent la puissance protectrice dans le cas & à portée de compenser à la gauche du Rhin, les rognures qui pourroient s'effectuer à la gauche de l'Escaut?

Seroit-ce enfin pour chercher à se tranquilliser sur ces terreurs d'un démembrement quelconque, que leurs nobles puissances d'Utrecht exprimeroient le désir qu'ils ont que l'alliance étroite projettée avec la cour de Berlin, fût dirigée sur les mêmes principes que l'alliance encore subsistante avec la France, & menagée de façon que d'autres Puissances pussent y accéder?

Il y auroit certainement une grande présomption à se persuader que toutes ces considérations aient été aussi clairement développées dans la délibération qui a précédé le 12 d'octobre, la résolution des Etats d'Utrecht, mais on ne peut guere douter à tous les symptômes d'impatience, de mécontentement, d'inquiétude, de précaution & même de méfiance qui perçent dans cette piece ministérielle, que ce ne soit au moins une partie de ces réflexions qui a motivé l'ordre qu'ils ont envoyé à leurs députés à la Haye.

Quoi qu'il en soit, cette *résolution* est remarquable dans les circonſtances actuelles, en ce qu'elle eſt le premier pas vers la réunion conſtitutionnelle ; & qu'elle reproduit au moins l'image de l'ancienne république, en ſoumettant les propoſitions d'une province, à l'examen & aux délibérations de l'union collective.

Qu'on remarque bien cette époque. C'eſt peut-être celle où il ne ſera plus queſtion des oppreſſions reſpectives des deux partis ; peut-être ſentira-t-on enfin également des deux côtés, la néceſſité abſolue d'immoler tout autre ſentiment perſonel, ſans exception, juſqu'à celui de vengeance, pour ſauver la choſe publique, dès qu'on la verra menacée. Ce que l'intérêt commun n'a pu faire, le malheur commun peut encore l'opérer.

Si cette reſſource ſe préſente à des ames foncierement vertueuſes, quoiqu'encore égarées, qu'elles ſe gardent bien de la repouſſer, & que les difficultés ne les effraient point : qu'elles ſe reſſouviennent qu'il eſt un homme qui a cru ne rendre que juſtice à leur énergie en prévoyant, il y a quatre mois, & en conſignant dans un écrit (*) public *que du choc même des circonſtances il pouvoit encore réſulter une réunion ſincere des partis opposés à l'aſpect du danger collectif, & que ſi la République étoit une fois rendue à cet élan*

(*) Premier volume, page 5.

de gloire vraiment patriotique, elle retrouveroit dans son sein tous les moyens de résister, même aux forces accumulées que l'ambition pourroit déployer contr'elle.

Mais l'espoir de cet événement (s'il est réservé à la gloire de la nation batave) est encore trop informe pour que l'observateur qui en voit la possibilité, en calcule les moyens & les résultats, il ramene ses réflexions sur l'écrit qui, en lui retraçant l'image de l'union républicaine, l'a emporté naturellement jusqu'au but glorieux auquel cette même union pourroit tendre si elle étoit réelle & sincere.

Si messieurs les Etats d'Utrecht se flattent de parvenir effectivement à former une alliance entre la République & la cour de Berlin, sur les mêmes principes qui ont formé celle *qu'ils disent* subsister entre la même République & la cour de Versailles, on croit qu'ils se trompent ou qu'ils sont trompés; & on appuie cette opinion d'un principe trop sûr en politique, pour que les conséquences nécessaires ne le soient pas également. Ce principe est, que ce sont bien moins les clauses exprimées dans un traité qui le rendent inviolable & sacré, que l'intérêt respectif qu'ont les puissances contractantes à les remplir.

On ajoute de plus, que par cet intérêt respectif des puissances, on n'entend pas que ce soit toujours celui qu'elles annoncent *avoir* dans le traité, qu'elles *ont* réellement:

c'eſt principalement ſur celui qu'elles peuvent avoir, ſur l'*intérêt poſſible* qu'on eſtime que porte eſſentiellement la permanence & l'*inviolabilité* de l'alliance.

Celle que la République a contractée avec la France, jugée ſur ce principe, eſt-elle ſuſceptible d'être remplacée par une alliance égale entre la République & la Pruſſe ?

L'intérêt reſpectif de la France & de la République alliées eſt évidemment maritime. La *mutualité* des ſecours auxquels elles s'engagent l'une vis à vis de l'autre, ſont relatifs à leur intérêt réciproque dans leurs poſſeſſions éloignées, & à l'honneur de leur pavillon dans toutes les mers.

L'intérêt le plus caché que puiſſe avoir la France eſt, en cas de guerre entr'elle & l'Angleterre, de pouvoir, avec le concours du pavillon hollandois primer, ſurtout dans la mer du Nord & dans celles d'Aſie, le pavillon de ſa rivale : cette puiſſance eſt d'ailleurs d'autant plus intéreſſée à ſurveiller toutes les pertes que la République ſon alliée pourroit faire ſur terre, que ne pouvant pas même deſirer pour elle-même aucune de ſes poſſeſſions, le démembrement quelconque qui en ſeroit fait, en diminuant les moyens de ſon alliée, augmenteroit néceſſairement ceux des Puiſſances qui ſont, peuvent être, ou au moins ont été ſes ennemies.

L'intérêt *poſſible* de la France, eſt donc le véritable garant, le garant le plus ſûr de l'alliance conclue entre cette couronne & la République.

Il feroit fuperflu d'appuyer fur la différence évidente d'une alliance de cette nature & le traité quelconque dont la République fe propoferoit de fe lier avec S. M. Pruffienne, & fans entrer dans un détail inutile, il fuffit d'obferver les précautions indiquées dans la réfolution, pour fe convaincre que L. N. P. elles-mêmes, ont parfaitement apperçu que l'intérêt *poffible* de S. M. Pruffienne pouvoit être dans certains cas, fi l'alliance qu'on fe propofoit de faire avec lui avoit lieu, un peu moins concordant avec celui de la République, & il femble encore, qu'en efpérant que S. M. Pruffienne agréera l'invitation de l'Angleterre au même traité, c'eft en quelque façon lui demander caution & garantie.

On ne peut difconvenir que l'intérêt même *poffible* de l'Angleterre, dans l'alliance projettée par les Etats d'Utrecht avec cette puiffance, ne fût d'une efpece différente. Le traité des Provinces-Unies avec l'Angleterre feroit, dans un fens inverfe, exactement le même que celui qu'elles ont conclu avec la France, tant pour la fureté de leurs poffeffions éloignées, que pour l'honneur collectif des deux pavillons. Cet intérêt eft affez naturel pour avoir été longtems regardé comme invariable, & on le défignoit collectivement fous le nom d'intérêt des puiffances maritimes; l'Angleterre & la Hollande étoient regardées & se regardoient comme sœurs. Mais les procédés de l'ainée ont été si impérieux, & elle a fait un si mauvais procès à sa cadette pendant la guerre de l'Amérique, qu'il est bien difficile, au moins de longtems, qu'on en revienne mutuellement à l'ancienne confiance.

Il y auroit cependant une observation à faire & importante (surtout dans les circonstances actuelles.) L'Angleterre n'a surement pas les mêmes motifs que la France pour s'oppoſer à tout démembrement dans les possessions européenes de la République ; ce qui devroit faire pencher la balance du côté de l'alliance françoise, si la république étoit maitresse du choix.

Quoique la cour de Londres, par une suite des principes que le Roi Guillaume de Nassau-Orange avoit portés en Angleterre, se soit opposée avec force à l'établissement de la compagnie d'Ostende sous *Charles VI*, on a pû voir dans l'arrangement des affaires de l'Escaut, sous *Joseph II* & surtout par la cession de Lillo si solemnellement garanti par la Reine Anne en 1709, la différence des principes du même ministere depuis l'avénement de la maison d'Hanover au trône : l'indifférence avec laquelle le cabinet de S. James a vû les prétentions de celui de Vienne en 1784; peut faire présumer celle avec laquelle il verroit le Brabant Hollandois repasser sous la domination autrichienne.

L'intimité actuelle de la même cour de

Londres avec celle de Berlin, eſt d'un autre côté, un indice aſſez marqué des diſpoſitions de confiance, où elle eſt vis-à-vis de S. M. Pruſſienne pour ne pas preſſentir qu'elle concourra avec d'autant plus d'empreſſement à tout ce qui peut convenir à la ſatisfaction de ce Prince, que par cette déférence, elle acquitteroit véritablement une dette fondée ſur un titre réel.

On ſeroit aſſez porté à croire que la cour de Berlin pourroit bien avoir déjà laiſſé tranſpirer quelque déſir, de profiter de l'occaſion pour finir à ſon avantage, l'affaire de ſes prétentions en vertu de diſpoſitions teſtamentaires, & que peut-être les ſommes qui ſeroient jugées devoir lui être payées, ſeroient aſſez conſidérables. en y joignant encore la créance de la maiſon de Hohenloe que S. M. Pruſſienne a achetée, pour qu'on eût déjà fait entendre, que cela ne pouvoit gueres s'arranger qu'en opérant la liquidation par la voie amiable d'une ceſſion territoriale. Une propoſition de cette nature, faite à la République par S. M. Pruſſienne à la ſuite du ſervice qu'elle vient de lui rendre, ſervice qui aura été ſolemnellement relevé, & en quelque façon conſacré par la lettre de remercimens des Etats-Généraux, dont ce Prince s'autoriſera pour y mettre le prix qu'il jugera convenable, appuyée ſurtout, comme elle ſera par la préſence des troupes qui donnent dans le moment même la loi, paroit effectivement très propre à avoir influé pour beaucoup dans la résolution de LL. NN. PP. d'Utrecht.

En voyant M. le Duc régnant de *Saxe-Weymar* accompagner M. le Duc régnant de *Brunſwick* dans le ſéjour que ce Prince a fait à la Haye les derniers jours d'Octobre, on ne peut s'empêcher de ſe rappeller tout ce qu'on a penſé & écrit ſur l'intérêt que M. le Duc Louis de Wolffenbuttel pourroit avoir dans ce qui ſe traite actuellement à la Haye. S'il eſt queſtion de donner à ce Prince, (comme il eſt très vraiſemblable) une ſatisfaction convenable tant ſur ſon rétabliſſement dans ſes charges & dignités, que ſur les ſommes qu'il auroit à répéter, & particulierement ſur le retour de ſon ancienne influence dans les affaires; il eſt encore très naturel que cette perſpective, ſous telle face que MM. de la régence d'Utrecht la conſidérent, ſoit allarmante tant pour l'augmentation de leur *Quotte*, que pour la diminution de leur autorité.

Cette conſidération eſt d'autant plus fondée, s'il eſt effectivement vrai que dans un nouvel arrangement *conſtitutionel* propoſé par l'odre équeſtre, il ſoit queſtion d'étendre le pouvoir militaire de M. le Prince Stathouder, & que ce Prince ne reçoive plus par la ſuite ſes commiſſions des membres particuliers, mais ſeulement des Etats-Généraux; cette ſuppreſſion de l'indépendance graduelle pour la concentrer dans la généralité, peut être un grand motif

tif

tif d'inquiétude même pour la province d'Utrecht, malgré l'attachement des membres de cette régence pour la perſonne & pour l'autorité du Prince Stathouder.

En tout, il paroît que les Régences commencent déjà à ſe laſſer de l'expérience qu'elles font de l'autorité militaire. La préciſion de l'ordre & la promptitude de l'exécution ne ſe concilient pas avec l'habitude de délibérer toujours, ſoit pour commander, ſoit pour obéir. Si on en excepte l'Ordre Equeſtre (plus militaire que républicain) tous les autres partiſans, même les plus zélés de la puiſſance ſtathoudérienne ſoupirent aujourd'hui après la plus prompte retraite de ceux qu'ils déſiroient ſi ardemment, il y a deux mois.

Ce qu'on peut préſumer de plus apparent, ſur la premiere partie de la réſolution de MM. les Etats d'Utrecht, & ſurtout ſur la préſence de M. le Duc régnant de *Brunſwick*, c'eſt que les meſures de déſenſe & d'attaque, telles qu'elles doivent être priſes, le ſeront certainement par ce Prince éclairé, au plus grand avantage de l'*intégrité* des vues de S. M. Pruſſienne, & ſoit que des Pruſſiens, ſoit que des Heſſois, ou d'autres ſubſidiaires de l'Angleterre prennent des quartiers d'hiver ſur le territoire républicain, ils pourront bien y être aux fraix de la République, mais ils y reſteront certainement aux ordres du Général dépoſitaire des volontés des deux cours protectrices.

DÉCLARATION.

„ Les événemens qui ont eu lieu dans la République des Provinces-Unies, ne paroissant plus laisser aucun sujet de discussion, & encore moins de contestation, entre les deux Cours, les soussignés sont autorisés de demander si l'intention de Sa Majesté Très-Chrétienne est de donner des suites à la notification faite, le 16 du mois de Septembre dernier, par le ministre Plénipotentiaire de S. M. T. C., qui, annonçant qu'on donneroit des secours en Hollande, a occasionné les armemens maritimes de la part de Sa Majesté lesquels armemens sont devenus réciproques. „

„ Si la cour de Versailles est disposée à s'expliquer sur cet objet & sur la conduite à adopter vis à vis de la République, d'une maniere conforme au désir qu'on a témoigné de part & d'autre, de conserver la bonne intelligence entre les deux cours; & toujours entendu aussi qu'il n'y a aucune vue d'hostilité nulle part, en conséquence de ce qui s'est passé; Sa Majesté, toujours empressée de concourir avec les sentimens amicals de S. M. T. C., conviendroit avec elle que les armemens, & en général tous préparatifs de guerre, seroient discontinués de part & d'autre, & que les marines des deux nations seroient remises ſur le pied de l'établiſſement de la paix, tel qu'il exiſtoit au premier janvier de la préſente année. „

A Verſailles, le 27 octobre 1787.

DORSET. WILLIAM EDEN.

CONTRE-DECLARATION.

L'intention de Sa Majeſté n'étant pas & n'ayant jamais été de s'immiſcer par la force dans les affaires de la République des Provinces-Unies, la communication faite à la cour de Londres, le 16 du mois dernier, par M. Barthelemi, n'ayant eu d'autre objet que d'annoncer à cette cour une intention dont les motifs n'exiſtent plus, ſurtout depuis que Sa Majeſté le roi de Pruſſe a fait part de ſa réſolution, n'a fait aucune difficulté de déclarer qu'elle ne veut donner aucunes ſuites à la déclaration ci-deſſus mentionnée, & qu'elle ne conſerve nulle part aucune vue hoſtile relativement à ce qui s'eſt paſſé en Hollande : en conſéquence Sa Majeſté déſirant concourir avec les ſentimens de S. M. Britannique pour la conſervation de la bonne harmonie entre les deux cours, convient avec plaiſir avec S. M. Britannique que les armemens & en général tous préparatifs de guerre ſeront diſcontinués de part & d'autre, & que les marines des deux nations ſeront remiſes ſur le pied de l'établiſſement de la Paix, tel qu'il exiſtoit au premier janvier de la préſente année.

A Verſailles, le 27 octobre 1787.

Le comte de MONTMORIN.

„ En conféquence de la Déclaration & Contre-Déclaration échangées ce jourd'hui, les fouffignés, au nom de leurs Souverains refpectifs, conviennent que les armemens & en général tous préparatifs de guerre feront difcontinués de part & d'autre; & que les marines des deux nations feront remifes fur le pied de l'établiffement de la paix, tel qu'il exiftoit au premier janvier de la préfente année.

A Verfailles, le 27 octobre 1787.

DORSET.	Le Comte de
WILLIAM EDEN	MONTMORIN.

Observations du 12 Nov. 1787.

La lecture des deux déclarations respectives du 27 du mois dernier & de la convention qui s'en est immédiatement suivie, éleve dans ce moment-ci la confiance de ceux qui ont cru à la possibilité de conserver la paix. On seroit d'autant plus flatté de se convaincre de l'efficacité de ce premier pas vers une conciliation permanente, qu'on a toujours cru sur l'examen le plus réfléchi d'une combinaison, dont on a suivi avec atention la marche & les progrès depuis plus d'un an, non seulement que la cour de Londres s'opposeroit à main armée au vœu de la France dans les affaires de Hollande, mais même que cette puissance avoit encore d'autres vues ultérieures dont les affaires de la République ne seroient que la cause occasionnelle.

On souhaiteroit sincerement que la condescendance avec laquelle la France s'exécute dans la convention, relativement au premier des deux objets sur lesquels on jugeoit la guerre inévitable, fût de nature à écarter entierement les soupçons qu'on a annoncés sur le second.

C'est pour s'éclairer sur un résultat si important, qu'on se propose de soumettre les deux Déclarations & la convention qui s'en est suivie, au creuset de la réflexion.

On est frappé d'abord du texte dont partent les ministres anglois pour demander au miniſtre françois de s'expliquer ſur l'intention ultérieure de S. M. T. C. relativement à la note qu'elle a fait remettre par ſon miniſtre à Londres, le 16 de ſeptembre dernier.

Les événemens qui ont eu lieu dans la République ne paroiſſant plus laiſſer aucun ſujet de diſcuſſion, & encore moins de conteſtation, &c.

C'eſt donc en poſant d'abord pour baſe de tout arrangement entre les deux cours, une reconnoiſſance, au moins ſous-entendue de la part de celle de France, de l'équité & de la légalité de tout ce qui a été opéré, les armes à la main, contre ſon vœu dans la République, que MM. les miniſtres Anglois demandent au miniſtre de S. M. T. C. ſi ſon intention eſt de donner des ſuites à ſa Déclaration du 16 ſeptembre.

Sous tel aſpect favorable qu'on cherche à conſidérer la phraſe de la déclaration Britannique, on retrouve toujours que le ſens précis qu'elle renferme, ſe réduit à dire : *actuellement que nous avons fait contre votre gré, tout ce qui nous convenoit, ſi vous voulez bien nous aſſurer que vous ne chercherez ni à en revenir, ni à vous en venger, nous pouvons nous arranger amiablement ſur des armemens qui nous deviennent inutiles :* Il eſt difficile de concevoir qu'un retour ſincere d'harmonie & de bonne intelligence puiſſe être le réſultat d'une donnée auſſi répugnante.

La juſtice reſpectueuſe qu'on rend aux deux rois, ne permet pas d'élever l'ombre d'un doute ſur la pure & généreuſe franchiſe avec laquelle ils ſe communiquent leurs intentions reſpectives pour le bien de leurs peuples ; *Louis XVI* a prouvé & prouve trop ſolemnellement tous les jours, combien ſa bienfaiſance paternelle peut l'élever au deſſus de tous les ſacrifices poſſibles, quand il eſt queſtion du bonheur public, pour que ce grand intérêt ne le mette pas au deſſus de tout ce qu'un juſte reſſentiment & un amour ordinaire de gloire, pourroient exiger, après ces mêmes *événemens* qui ſont expoſés comme *ne laiſſant plus lieu à aucune diſcuſſion.*

Mais ſi cette même déférence dont le principe eſt ſi pur & ſi noble, devoit par l'uſage dangereux qu'on ſe feroit propoſé d'en faire, tourner au plus grand déſavantage de la France, par l'impreſſion qu'elle fera ſur tous les membres de tous les ordres du parti patriotique : (cette crainte eſt fondée, & il eſt au moins poſſible encore que ce fût cette même impreſſion prévue par le cabinet Britannique, qui eût principalement déterminé la propoſition faite le 27 par M. le duc *Dorſet* & M. d'*Eden*) Quels reproches n'auroient pas à ſe faire la confiance & la franchiſe de s'être miſes autant à découvert vis-à-vis la fineſſe des négociateurs Anglois ?

En vain chercheroit-on, pour diminuer l'effet de cette impreſſion douloureuſe, à compenſer les ſecours armés qu'on avoit promis à ces mêmes patriotes, par les bons offices de l'interpoſition négociatrice en leur faveur; ils ne s'y méprendront pas, ils distingueront parfaitement bien entre une protection armée & efficace, & une intercession toujours précaire, telle activité, telle bonne foi, tel intérêt qu'on y mette.

L'espoir de la vengeance & celui du rétablissement de leur crédit les soutenoit encore dans leur désastre; toutes ces bourgeoisies, portion essentielle & principalement constitutive du corps national, conservoient encore au fond du cœur des sentimens qui n'attendoient que le moment de se manifester avec éclat, & peut-être avec succès; soit que ces patriotes fussent restés dans leurs villes, courbés sous le pouvoir actuel, soit qu'ils eussent préféré un séjour étranger, pour n'être pas obligés de cacher leur vœu intérieur; ils restoient maîtres, en sacrifiant à propos une partie de leurs richesses individuelles à ce qu'ils regardent encore comme le bien public, de renouveller leurs prétentions, & de les soutenir par des mesures mieux prises, sur des principes opposés à l'imprévoyance & à la parcimonie qui ont tout perdu.

Toutes ces espérances s'évanouissent nécessairement pour eux à la lecture seule de la base reconnue dans la convention, & ils ne peuvent plus envisager dans leur désespoir, d'autre parti à prendre, que de céder à la nécessité, en retournant promptement à l'obéissance passive redevenue constitutionnelle.

C'eſt la notoriété qu'on a donnée dans la négociation de M. de *Rayneval* à la Haye, au projet *conciliatoire* de rendre au ſtathouder tous les pouvoirs attachés à la charge de capitaine général, en retour des ſacrifices qu'on propoſoit à ce Prince ſur ſa prérogative civile, qui a le plus eſſentiellement contribué à la défection de la plus grande partie des corps réguliers du cordon commandé par le Général *Van Ryſſelt*: la certitude des diſpoſitions où ils voyoient les Etats de les remettre ſous la main de leur Capitaine général, devoit naturellement leur inſpirer le déſir de ſe faire auprès de lui un mérite d'un retour libre & volontaire. On le prévit dans le tems. (*) Ces mêmes corps de troupes régulieres (ſi on ne les avoit pas perdus par une démarche auſſi peu réfléchie) auroient pu fermer cependant, & avec ſuccès, l'entrée du territoire Républicain, à l'étranger avec lequel ils ont concouru à y pénétrer pour y donner impérieuſement la loi. Ils auroient au moins donné le tems à la puiſſance protectrice de les ſoutenir, & de prévenir avec eux la rapidité avec laquelle ſe ſont ſuccédés en ſi peu de jours, *ces événemens qui ne laiſſent plus lieu aujourd'hui, même à la diſcuſſion.*

L'adreſſe qu'il eſt plus qu'apparent qu'y mit alors le comte de *Goertz* vis à vis de M. de *Rayneval*, ſe feroit-elle répétée dans

(*) Premier volume, page 90.

la déclaration que MM. de *Dorset* & *Eden* ont été autorisés à faire à M. le Comte de *Montmorin* ?

Que peut-il rester de mieux à faire actuellement aux deux cours qui ont opéré la révolution, que de la consolider par la réunion de tous les diffidens, à l'autorité Stathoudérienne ? Et quel moyen plus propre auroient-ils pu employer pour parvenir à ce but, que la convention que les ministres Britanniques ont réussi à faire agréer en France ? Quel sera le sentiment qui s'élevera (qui s'est élevé déjà) dans l'ame du patriote, à la publicité de la convention désespérante par laquelle les deux cours de Versailles & de Londres viennent de s'expliquer sur ce qui s'est passé en Hollande, depuis l'entrée de M. le duc régnant de Brunswick ? On l'a vu avec douleur; & il peut importer de le dire ; ce sentiment est encore moins celui de l'abattement que celui de la vengeance, & cette vengeance se tourne principalement contre la puissance qui s'est laissé prévenir, dit-on, par de fausses espérances dans ses négociations., sur les secours qu'elle avoit promis ; & qui sacrifie encore aujourd'hui ceux qu'on en espéroit, à de fausses espérances sur le prix qu'elle se promet de ce sacrifice.

Si effectivement l'intention du cabinet de Saint-James n'étoit pas aussi pure, aussi droite que l'est celle du cabinet de Versailles, si cette démarche en apparence si pacifique, n'étoit, au fonds, qu'une *obliquité* adroitement méditée pour rendre à la République la plénitude de tous ses moyens, en même tems qu'ils seroient à la disposition d'un prince dont la reconnoissance doit autant ajouter à l'ancien attachement, quel usage immédiat la même cour de Londres ne pourroit elle pas faire des dispositions dans lesquelles toutes ces mêmes bourgeoisies se trouveront vis-à-vis de la France, dans le cas où quelque mésentendu dans le progrès des arrangemens subséquens qui restent à faire aux deux cours, leur remettroit les armes à la main?

Sur ce qu'on a vu, admiré & écrit du personel de *George III*, (*) la générosité des principes de ce prince véritablement grand, ne permet pas le plus léger doute sur la netteté de ses vues uniquement bienfaisantes & humaines, dans la déclaration que ce prince a autorisé ses ministres à faire parvenir à S. M. T. C. On est convaincu que S. M. Britannique n'a rien prétendu, n'a rien désiré que ce qui lui a paru juste, & c'est sous cet aspect qu'elle a envisagé le rétablissement de l'autorité Stathoudérienne, aux termes de la sanction constitutionnelle de 1747; cet objet décidé, comme il l'est aujourd'hui, par tout ce qui s'est fait depuis l'entrée des Prussiens en Hollande,

---

(*) Premier volume, page 139.

dès qu'il eſt reconnu & confirmé par l'explication ſatisfaiſante adoptée par Sa Majeſté T. C, ſur les diſpoſitions où elle eſt de ne donner aucune ſuite à la notification faite par ſon miniſtre, le 16 ſeptembre dernier, ne laiſſe certainement rien de plus à déſirer à S. M. Britannique: & ſi les choſes étoient égales entre les deux ſouverains il eſt ſûr que leur foi reſpective ſeroit le plus ſûr garant & le gage le plus ſacré du maintien de la paix entre les deux nations.

Mais l'extrême différence que les deux conſtitutions mettent entre l'influence que la volonté des deux rois a ſur leur nation, emporte néceſſairement une différence proportionnelle dans les dégrés de ſureté qui, dans une convention de roi à roi, ſont tous à l'avantage de l'Angleterre, pendant que la France reſte dans l'incertitude, tant que le vœu national n'a pas confirmé authentiquement celui du ſouverain.

Dans le fait, en France lorſqu'il eſt queſtion de traités avec les nations étrangeres, le roi veut, & la France obéit; à Londres le roi veut, & l'Angleterre diſcute.

On n'ignore pas que ce qui regarde la paix ou la guerre appartient de droit à la prérogative royale, mais on ſait également comment cette même prérogative, circonſcrite comme elle eſt dans les moyens par la conſtitution, eſt encore, même ſur cet objet réſervé, dans une ſorte de dépendance.

D'après cette obſervation indiſpenſable, on ſent que pour établir de la part de la France une confiance égale à celle de l'Angleterre dans l'efficacité des vues des deux ſouverains pour le maintien de la paix, il faudroit pouvoir ſtatuer poſitivement ſur *l'Ultériorité* des vues *au moins poſſibles* de l'Angleterre même, & comme cette ſorte d'aſſurance ne dépend pas entierement de la volonté de S. M. B. Il eſt, à ce qu'on croit, de la circonſpection politique, de la chercher dans le developpemenr des intérêts *poſſibles* de la nation même, & dans l'emploi également *poſſible* des moyens que cette même nation a préparés: Cette précaution eſt d'autant plus importante à prendre dans la conjoncture préſente, qu'il ne ſeroit pas impoſſible que les diſpoſitions du roi d'Angleterre ſur les affaires de la Hollande, euſſent été pour ce prince le principal, & peut-être le ſeul objet des préparatifs, pendant que ces mêmes affaires de Hollande ne ſeroient & n'auroient jamais été pour le corps entier de ſa nation, qu'un objet partiel & en quelque façon préparatoire d'autres objets plus étendus, dont il ne ſeroit pas encore impoſſible que le roi ne fût pas parfaitement inſtruit.

On remarquera que dans la déclaration remiſe par les miniſtres Britanniques, le 27 du mois dernier, il eſt expreſſément articulé que la notification faite le 16 ſeptembre à Londres par M. *Barthelemy*, a été la cause des armemens de l'Angleterre. On compare cette assertion de la déclaration Britannique avec ce qu'on écrivoit dans une note du 7 du même mois de septembre où on faisoit observer *qu'indépendamment des mouvemens réels & simultanés des armées autrichienne & Prussienne, les troupes bavaroises & palatines, celles de Hesse, de Saxe, d'Hanovre & de Brunswick, étoient dès lors prêtes à marcher au premier signal..... Qu'il y avoit eu des traités, si non conclus, au moins négociés même avec les cours ecclésiastiques du Rhin.*

Ce qui a été manifesté depuis cette époque par la signature publique & connue de quelques-uns de ces traités de subsides, par Sir *Williams Faucit*, a trop évidemment démontré d'où partoit ce mouvement général chez ces différens princes du corps Germanique, pour se refuser à la conviction, que l'Angleterre avoit proposé & assuré, au moins cette partie si intéressante de ses moyens, antérieurement à la notification du 16 septembre. La notification n'en étoit donc pas la cause, mais seulement l'occasion.

On finissoit cette même note du 7 septembre par cette question, *Quel peut être le but d'une coalition aussi nombreuse de moyens imposans, quand l'Empire n'a aucun ennemi connu?*

Actuellement qu'on ne peut plus douter par les traités connus de subsides entre l'Angleterre & quelques-uns de ces Princes, que ce ne fût cette puissance qui préparât cette même coalition, ne feroit-on pas dans le cas de lui renouveller la même question, en lui obfervant que ce ne pouvoit pas être par la fuite d'une notification, qui ne lui a été faite que neuf jours après l'obfervation qu'on avoit indiquée fur ce qui fe paffoit en Allemagne, & on ajoute aujourd'hui avec une pleine certitude, plus de fix mois après les preuves qu'on a des premieres démarches qui ont été faites à cette fin, dans différentes cours.

Aux termes d'intelligence & de liaifon bien décidément établies à cette époque entre les deux Cabinets de S. James & de Berlin *au moins*; l'Angleterre a-t-elle crû, a-t-elle raifonablement pû croire avoir befoin de prendre des précautions fi difpendieufes, pour mettre autant de forces dans la main du Roi de Pruffe, d'un Monarque déjà fi fort au delà par fes propres moyens, de ce qu'il lui en falloit pour exécuter une révolution, à laquelle il n'a employé que la moitié des troupes qu'il y avoit originairement deftinées?

Il eft vrai que la déclaration comminatoire que la cour de Londres à fait remettre au Gouvernement de Bruxelles par le Lord *Torrington* d'abord, & qui depuis a été communiquée à toutes les cours, eft effectivement d'une date poftérieure à la notification faite à Londres le 16 de Septembre, par le miniftre de France. Il eft encore vrai que dans la même déclaration, la cour de Londres en annonçant fon grand armement naval, a cherché à le faire regarder, comme étant uniquement destiné à s'oppofer à l'intention notifiée par la France, d'aider de fes forces le parti déjà opprimé par la préfence d'un corps d'armée pruffienne.

Mais il n'en eft pas moins vrai auffi, que ce même armement naval étoit préparé depuis bien plus longtems, & ces préparatifs de la Grande-Bretagne fur mer, étoient trop évidemment combinés avec ceux auxquels elle travailloit fur terre en Allemagne, pour n'être pas de la même date; & pour n'être pas difpofés de façon à effectuer conjointement les vues quelconques dans lefquelles ils avoient été faits en même tems fur l'un & fur l'autre élément.

Il eft hors de doute que ces mefures, (tel qu'en fût l'objet,) étoient dirigées contre la France, & fi on veut examiner de bonne foi les circonftances & les époques, il fera également hors de doute que ces mefures étoient offenfives. Cette feule obfervation fuffiroit peut-être pour démontrer à tout fpéculateur non préoccupé qu'ils ne pouvoient pas avoir pour objet véritable de s'oppofer aux intentions notifiées dans l'écrit minifteriel du 16 feptembre, quand cette notification auroit été prévue par le cabinet de Saint-James.

L'événement a prouvé l'exubérance de ces deux moyens, non feulement réunis mais même confidérés chacun particuliérement

rement s'il n'avoit été véritablement question pour la Grande-Bretagne, que de la réintégration du Statouderat dans toutes les prérogatives attachées à cette dignité par la sanction légale de 1747, puisque la révolution étoit déjà consommée, & que M. le Duc régnant de *Brunswick* donnoit déjà la loi en Hollande, lorsque le Général *Faucit* signoit ses traités connus de subsides, & que la cour de Londres publioit sa déclaration & les ordres donnés pour son grand armement naval.

Il est donc au moins vraisemblable que l'Angleterre avoit alors un objet ultérieur à celui de la réintégration de l'autorité stathoudérienne.

Si cette observation est juste, comment l'Angleterre propose t-elle aujourd'hui de renoncer sincerement à des avances si dispendieuses, pourvû que la France agrée pour l'avenir ce qu'elle n'a pû empêcher pour le présent?

On a toujours distingué entre l'intérêt personel de S. M. B. & celui de la nation.

On a bien crû que le premier n'alloit pas au delà de la réintégration des droits attachés au Stadhouderat: mais on a toujours pensé que la nation Britannique ne la regarderoit que comme un moyen d'obtenir d'autres avantages, dont le premier étoit la dissolution de l'alliance de la France avec la République, en reserrant immédiatement les anciens nœuds de l'Angleterre avec la même République.

On avoit ajouté (& on croit plus que jamais aujourd'hui que c'étoit avec grande raiſon) l'inquiétude que cauſoit au cabinet de Saint-James le progrès des travaux de Cherbourg, & enfin les mouvemens de l'Inde, & les affaires du commerce d'Afrique.

On ne voit rien de ſtatué ſur ces objets dans la convention entre les deux cours, & l'homme qui cherche ſincerement la vérité, ne peut pas cependant ſe diſſimuler que ſi l'Angleterre a pu donner des ſubſides pour de ſi grands armemens dans l'affaire des troubles de la République, ſon intention en travaillant pour le rétabliſſement de la puiſſance Sathoudérienne n'ait été, n'a pu être, que de tirer parti de cette réintégration, pour les objets ultérieurs qui en devoient être naturellement les corrollaires, ſans leſquels elle auroit été auſſi indifférente à la nation, qu'elle étoit vraiment intéreſſante à ſon roi.

C'eſt en s'attachant à cette conſidération qu'on croit voir que la ſincérité des intentions bienfaiſantes de S. M. Britannique n'eſt pas à beaucoup près au même dégré de ſureté pour la France, que l'eſt certainement pour l'Angleterre celle que le Roi Très-Chrétien a autoriſé ſon miniſtre à donner en ſon nom aux deux miniſtres Britanniques & qu'indépendamment de tous les autres motifs qui porteroient à croire que la généroſité du grand ſacrifice que la France fait à la paix dans la convention du 27, non seulement pourroit être inutile, mais on craint même qu'elle ne serve qu'à la priver d'une partie de ses moyens pour les tourner contre elle même.

Observations du 12 novembre 1787.

En même tems que des considérations, supérieures sans doute à toutes les combinaisons de la prévoyance politique, ont déterminé la France à sacrifier l'avenir au présent dans la Contre-Déclaration du 27 du mois dernier, ce même avenir commence déjà à s'annoncer dans les feuilles publiques par le projet d'une alliance non seulement de commerce, mais encore défensive & offensive entre la Russie, l'Angleterre, la Hollande, la Prusse & le Dannemarck.

L'observateur circonspect est trop attentif aux dates, pour croire cette alliance déjà aussi avancée que le marquent quelques lettres de Londres & de Berlin; mais en jugeant la nouvelle prématurée, il l'envisage aussi comme trop conforme à l'*intérêt d'Etat* qui a réglé toutes les résolutions du cabinet de Saint-James, pour ne pas augurer que cette combinaison ne doive être la suite nécessaire & inévitable de la réintégration décidément reconnue de la puissance Stathoudérienne.

On ne s'eſt jamais mépris à l'indifférence apparente ſous laquelle la cour de Londres a maſqué la jalouſie réelle qu'elle a toujours eue de l'alliance conclue entre la France & la République ; & lorſqu'on a prévu l'empreſſement avec lequel la nation concourroit au vœu & à l'intérêt privé du roi ſon ſouverain ; l'importance dont il étoit de rompre un nœud ſi inquiétant, a été expoſé comme le principal motif qui détermineroit ſurtout l'efficacité de ſon adhéſion.

On fixoit ſes regards ſur les ſuites naturelles de la diſſolution de cette même alliance, lorſqu'en diſcutant la note officielle remiſe par le lord *Torrington* au Comte de *Murray*, on écrivoit, *le véritable intérêt d'Etat qu'on entend réellement à Londres, eſt celui qu'a cette même cour à renouer ſes anciennes liaiſons avec la République, & c'eſt pour ce même intérêt qu'on annonce que S. M. B. ſe croira forcée de faire la guerre.* (*)

Mais, ajoutoit-on, *l'intérêt de la France eſt évidemment auſſi de ſoutenir l'alliance qu'elle n'a contractée que parce qu'elle l'a jugée intéreſſante à ſa proſpérité & à ſa gloire : Qui rapprochera ces deux intérêts?*

On avoue qu'on n'avoit pas prévu, & qu'on n'auroit pas oſé prévoir le moyen que les circonſtances ont fait adopter pour éviter les difficultés du rapprochement.

(*) Premier volume, page 142.

Autant on eſt convaincu de la pureté des principes ſur leſquels on a pris cette réſolution de déférence, autant on craint encore les réſultats qu'on en préſumoit, lorſqu'*en ſuppoſant* (*) (*par impoſſible*) *que la France ſacrifiât tout intérêt de gloire & d'éclat au dehors, à l'intérêt preſſant de l'intérieur*; on ajoutoit *être encore convaincu qu'un roi magnanime & une nation généreuſe manqueroient leur objet.*

Avant d'entrer dans les détails des réſultats dangereux & peut-être inévitables de la ſubſtitution immédiate de l'alliance britannique à l'alliance Françoiſe, on doit expoſer d'abord quelles ſont les raiſons ſur leſquelles on juge cette alliance ſi ſure & ſi prochaine, car on ne diſſimule pas qu'on ne la croie être l'une & l'autre.

Quand on ne l'auroit pas toujours regardée comme le premier intérêt d'Etat qu'avoit l'Angleterre en armant, on en ſeroit convaincu après ce qu'on a vu dans l'Extrait des réſolutions des Etats d'Utrecht. (**) Soit que la propoſition dont L. N. P. chargeoient leurs députés aux Etats-Généraux au ſujet des deux alliances, leur ait été dictée (comme on a été tenté de le ſoupçonner) ſoit qu'elle ait été purement volontaire & de leur choix, elle n'en eſt pas moins un indice non équivoque des

(*) Premier volume, page 145.

(**) Second volume, page 33.

vues des deux Cours protectrices ; car, en admettant que ni l'une ni l'autre n'eussent influé dans la délibération, au moins est-il bien sûr qu'elles avoient eu communication de ce qui alloit être délibéré & résolu. L'intention des deux cours ainsi reconnue, douter de la condescendance de la République, dans les circonstances présentes, ce ne seroit plus observer de bonne foi ; Il faut donc quelques jours plutôt, ou quelques jours plus tard, regarder le vœu de MM. de la Régence d'Utrecht à l'égard de la double alliance comme rempli.

Il est vrai qu'aux termes de la résolution des seigneurs régens d'Utrecht, l'alliance projettée ne seroit pas allarmante, puisqu'elle ne seroit que défensive ;

Mais il importe aussi de bien considérer comment cette défensive est exprimée dans cet écrit ministériel.

Sur le même pied, proposent Messieurs d'Utrecht *que ces engagemens ont actuellement lieu avec la France.... pourvu que le Casus Fœderis y soit déterminé & défini aussi clairement que possible..... & que la voie reste ouverte à d'autres puissances pour accéder à cette alliance.*

On voit que L. N. P. ont été parfaitement guidées ; elles n'ont rien oublié.

Sur le même pied que ces engagemens ont actuellement lieu avec la France ;

Donc ces engagemens 1°. n'auront plus lieu avec la France, car l'intérêt de la France & celui de l'Angleterre étant pour la République l'inverse l'un de l'autre, ils sont nécessairement incompatibles pour le tiers.

Le cas de l'alliance doit être déterminé & défini aussi clairement que possible, c'est-à-dire, dans la circonstance présente, où la République n'a rien à refuser, que les deux cours détermineront clairement le nombre de vaisseaux qu'elles veulent que la République envoie joindre le Pavillon Britannique à la premiere réquisition qui lui en sera faite *provisoirement à toute discussion sur la restriction défensive*, car il faut prévenir toutes celles qui pourroient se renouveller sur ce point, comme cela est arrivé par le passé.

Enfin MM. d'Utrecht demandent *que la voie reste ouverte à d'autres puissances pour accéder à cette alliance*.

C'est le cas de se demander quelles sont, quelles peuvent être ces puissances auxquelles il faut laisser la voie ouverte pour accéder à l'alliance des trois cours?

Cela ne peut pas regarder l'Espagne, qui vient de se montrer avec trop de générosité & de vigueur, quand il a été question de concourir par ses armemens à la gloire des armes des deux couronnes, pour qu'on ne la confonde pas avec la France dans l'exclusion.

Il n'est pas vraisemblable qu'il soit question de la Suede, dont le penchant est trop connu pour la puissance, contre laquelle l'alliance est nécessairement dirigée.

On voit dans l'affinité que la cour de Coppenhague a avec la maison stathoudérienne par le sang d'Angleterre, un motif fondé pour que les cours de Londres & de Berlin desirent que le Dannemarck accéde à une liaison fondée sur l'intérêt conjoint qu'ont ces trois cours à conserver l'intégrité des prérogatives dont elles ont l'expectative.

Mais on croit surtout que cette voie à l'accession reste principalement ouverte à la Russie, non seulement à cause de la permanence immuable de la bonne intelligence établie entre les cours de Londres & de Pétersbourg, mais principalement par le besoin peut-être instant, que *Cathérine II* peut avoir de la coopération de l'Angleterre pour assurer le passage de sa flotte dans la Méditerranée.

C'est en rapprochant cette considération de ce qu'a fait la Russie dans la derniere guerre & de ce qu'il paroît qu'elle s'est proposé de faire dans celle-ci, qu'on soupçonne que la célérité qu'on a cherché à mettre dans le traité qu'on a fait proposer dès le 12 du mois dernier par les Etats d'Utrecht, peut avoir été déterminée par ce motif, qui peut être pressant lui-même, au moins si on en peut juger par les démarches & les marchés qu'on assure avoir déjà été faits par le comte de Woronzow à Londres.

Soit qu'on juge la cour de Madrid sur ses liaisons avec la cour ottomane, plus marquantes dans le moment actuel par la préſence d'un miniſtre Turc à la cour du Roi catholique; ſoit qu'on la juge ſur l'attention qu'il lui peut convenir de donner à ſes intérêts dans la Méditerranée; il eſt trop vraiſemblable que cette puiſſance ne verra peut-être pas auſſi tranquillement que dans la derniere guerre, le pavillon ruſſe paſſer dans ſes eaux. Il paroitroit au moins vraiſemblable que la cour de Londres eût cru par cette raiſon, qu'il pouvoit être inſtant par la prompte concluſion du traité, de ménager à cette Puiſſance amie, au moyen de ſon acceſſion à l'alliance, les ſecours défenſifs qui ſeront convenus par le traité; & dans le cas où le pavillon britannique devroit la ſecourir pour aſſurer ſon paſſage & ſon arrivée juſqu'à ſes ports dans la Manche avant l'acceſſion réſervée, pour avoir le droit elle-même de faire la réquiſition d'un certain nombre de vaiſſeaux hollandois; & il y a effectivement déjà quelques indices d'armement naval dans les Ports des Provinces-Unies.

On eſt parfaitement ſûr des nobles diſpoſitions dans leſquelles la France a trouvé l'Eſpagne lorſqu'il a été queſtion de combattre; mais on ignore ſi la cour de Madrid qui n'eſt pas déterminée par des conſidérations telles que celles qui ont pû porter ſon alliée à céder au beſoin de la paix, ſera également diſpoſée ſur ſa réquiſition à renoncer au projet d'oppoſition qu'elle peut avoir formé.

Si la cour de Madrid perſiſte, & qu'elle

croie son honneur & son intérêt compromis en y renonçant; si elle combat enfin la flotte Russe, & même les vaisseaux anglois ou hollandois qui viendroient pour assurer son passage, la France hésiteroit-elle à remplir avec réciprocité les conditions du pacte qui la lie, quand son alliée vient de les remplir pour elle avec une si éclatante fidélité?

On ne peut, ni on ne doit le présumer. La France engagée alors dans la guerre qu'elle veut éviter, auroit à combattre ceux mêmes qui auroient combattu pour elle, si elle avoit maintenu son alliance avec eux.

Les preuves de hardiesse, de constance & de haute valeur que la marine de l'Etat a donnés dans tous les temps & dans toutes les mers, depuis l'existencc de la République, & dont elle a si glorieusement rappellé la mémoire à Doggerbank, fait sentir trop vivement de quelle conséquence peut être, pour la France, le concours ou l'opposition du pavillon batave.

Il est presqu'impossible d'ailleurs que les ordres provisoires qui ont été envoyés par les deux cours dans leurs possessions éloignées, soit de l'Amérique, soit de l'Inde, ne fassent pas naître, avant qu'on puisse y être averti de la réconciliation, des incidens qui donnent lieu à de nouvelles négociations & à de nouvelles prétentions. Si *Georges III* devoit prononcer seul, l'équité & la générosité décideroient sans doute le ugement le plus propre au maintien de a paix ; mais le Miniſtere Britannique ſurveillé par le corps repréſentatif de la nation, obligé ſouvent de régler lui-même ſa déciſion ſur l'impulſion nationale, peut influer ſur celle du Roi, même contre le vœu le plus ſincere de ſon cœur.

Telle conciliante que ſoit la convention, elle ne peut être au fait, dans l'état actuel des choſes, que préparatoire à beaucoup d'autres arrangemens ſubſéquens ; & chacun de ces arrangemens plus ou moins intéreſſans à la nation rivale, peut donner des armes à l'oppoſition pour embarraſſer le Miniſtere, & peut-être le Roi lui-même, dans la marche pacifique qu'il auroit le plus ſincerement adoptée.

Obſervations ſur la guerre des Turcs. Du 14 novembre 1787.

Dans les réflexions qu'on faiſoit ſur un trait de prévoyance politique du Grand-Viſir actuel, (*) on auguroit favorablement de la prévoyance militaire ſur laquelle il régleroit, comme général, ſes moyens d'attaque & de défenſe dans la guerre dont il alloit prendre la conduite.

Ce que nous voyons dans ce moment-ci de la diſtribution & des mouvemens des troupes Ottomanes, paroîtroit propre à confirmer l'opinion qu'on préjugeoit alors devoir prendre du Miniſtre Ottoman.

(*) Premier volume, page 174.

On remarque qu'un gros corps d'armée appuyé à Choczim, longeant la gauche du Pruth, & à cheval ſur cette riviere, communique à d'autres corps réunis à Jaſſy, au nombre de 30,000 hommes; pendant que l'armée principale de la droite raſſemblée en avant de Bender, & maîtreſſe de paſſer & repaſſer le Nieſter, ſuivant les circonſtances, non ſeulement couvre dans cette poſition Oczakow, mais menace encore la nouvelle Servie & la Pologne elle-même.

On voit de plus une armée de plus de 100,000 combattans déjà, dit-on, raſſemblés à Siliſtrie, & deſtinée en ſe portant ſur Belgrade, à agir, entre le Danube & la Theiſſe ſi les hoſtilités commencent entre la cour de Vienne & la Porte.

On croit reconnoître dans ce plan général d'une grande diſtribution de troupes, dans le choix & la correſpondance des emplacemens, un enſemble de combinaiſons militaires qui annonce un Général, ou aſſez éclairé pour ſavoir prendre de ſon chef le parti convenable, ou du moins aſſez ſage pour prendre & ſuivre de bons conſeils.

On obſerve ſurtout dans cette diſtribution, que la grande armée du Danube paroit évidemment deſtinée à la défenſive & à couvrir ou ſecourir Belgrade, pendant que toutes les diſpoſitions des corps du Pruth & du Dnieſter, ſont plus particulierement dirigées ſur l'offenſive, & ſoit qu'on considere cette disposition en homme de guerre, soit qu'on cherche à l'examiner en homme d'Etat, elle est encore sous l'un & l'autre aspect, un double motif pour se confirmer dans ce qu'on a auguré des lumieres & des talens du Visir.

Si les officiers principaux subordonnés exécutent, chacun dans la partie qui lui a été confiée, les ordres particuliers qui paroissent devoir être les résultats du plan qu'on vient d'esquisser (sur le rapprochement des notions successives qu'on a pu recueillir des papiers publics) l'homme qui croit & qui a écrit (*) que *la véritable tactique, la tactique victorieuse, est l'emploi des hommes & des terrains, tels qu'ils sont*, ne parieroit pas contre *Mahomet*, pour les deux prophetes *Jérémie* & *Nic n.*

On écarte dans ce moment-ci tout ce qui peut concerner l'armée Turque du Danube, dont on croit que l'objet est défensif, & dont conséquemment les marches & les mouvemens ne feront que préparatoires à l'ouverture naturelle de la campagne, quand même la guerre avec l'Empereur seroit formellement déclarée, ce qu'elle n'est point encore.

C'est particulierement sur ce qui se passe & sur ce qui peut se passer encore, même avant l'hyver, à la droite des Turcs, qu'il convient de porter ses regards.

(*) Tome premier, page 41.

On a annoncé qu'une grande armée Ruſſe de 60,000 hommes s'avançoit aux ordres du Feld-Maréchal Comte de *Romanzow* pour ſe porter dans l'Ukraine.

On en établit une de même force dans la nouvelle Servie & la Crimée aux ordres du Prince de *Potemkin* (au moins ſi on en juge par la menace qu'en faiſoit *ex officio* M. de *Bulgakow* à ſon retour de Cherſon.)

On ajoute qu'un corps de 50,000 Ruſſes doit pénétrer par le Cuban. Et c'eſt par le ſiége d'Oczakow, dit-on, que les Ruſſes doivent ouvrir les opérations.

D'après la diſpoſition générale des forces ottomannes de terre, (telle qu'elle vient d'être expoſée) & d'après ce qui ſe paſſe actuellement ſur la Mer Noire, non ſeulement on ne croit pas à la poſſibilité du ſiége d'Oczakow, mais même on eſt très porté à croire que les Turcs eux-mêmes prendront l'offenſive contre les Ruſſes, & on eſt convaincu que ſi leurs mouvemens particuliers répondent à la diſtribution générale, cette offenſive doit être heureuſe pour eux.

On obſerve que cette armée de 60,000 hommes du Feld-Maréchal *Romanzow* n'étoit à l'effectif que de 15,000 en entrant ſur le territoire Républicain: que les régimens étoient incomplets, & que la premiere démarche du Général Ruſſe a été de demander des ſubſiſtances. On conclud de là avec fondement que la Ruſſie a été priſe au dépourvû ſur les troupes & ſur les magasins ; & on ajoute que si le Visir fait la même réflexion que celle qu'on fait ici, en faisant entrer les corps du Pruth & du haut Niester en Pologne dans le palatinat de Bracklau, en même temps que l'armée de Bender les remplaceroit à Jassy ; non seulement, il pourroit battre & disperser les 15,000 Russes aux ordres des Généraux d'Elmpt & Prince de Gallizin, avant qu'ils ayent pû se completter pendant l'hyver, mais même, en se repliant après cette expédition, sur la nouvelle Servie, forcer le Prince *Potemkin* à abandonner cette province pour se concentrer en Crimée, & laisser la liberté aux Ottomans, en enlevant toutes les subsistances entre les deux fleuves du Niester & du Nieper, de rendre pour l'ouverture de la Campagne, la communication entre l'armée de M. de *Romanzow* & celle de la Peninsule excessivement difficile.

Malgré tout ce qu'on a dit à l'avantage des Russes dans la premiere attaque de Kynburn, on annonce qu'un nouveau bombardement de cette forteresse a eu lieu le 2 d'Octobre, qu'il a duré 6 heures & que quoique les ouvrages en eussent beaucoup souffert, les Turcs avoient encore été obligés de se retirer.

On tire de là deux inductions. L'une, que le Général qui a ordonné la seconde attaque, est assez actif & assez mordant pour n'être pas rebutté par les difficultés. L'autre, que les troupes qui après avoir échoué à une premiere tentative, en ont soutenu aussi vigoureusement une seconde, doivent finir par réussir à la troisieme.

Et cette même place de Kynburn, si elle est une fois emportée, fermeroit au Prince *Potemkin* la libre disposition du terrain entre la mer & la gauche du Dnieper, pour s'approcher d'Oczakow & ouvriroit aux Turcs le même terrain pour s'approcher par terre de Perecop, & fermer la communication avec la nouvelle Servie, en même tems qu'en entrant par le Degnitz, ils pourroient réduire l'armée de la Peninsule à une défensive difficile, & peut être à quelque chose de pis, si le pavillon turc, avoit une grande supériorité sur la mer noire.

LETTRE

de Londres. Du 27 octobre 1787.

Les opinions sont fort partagées sur la grande affaire. Les amis du ministre sont tout ce qu'ils peuvent pour gagner des suffrages à la convention, mais jusqu'à présent, il s'en faut du plus grand nombre qu'elle n'ait pour elle la voix publique.

L'alderman Watkin Lewis *en a été pour sa courte honte, dans l'assemblée de Ville du 31. Il s'est levé deux fois pour faire motion d'une adresse de remercimens au trône; on ne lui a pas même fait l'honneur de le contredire; il est humilié du silence.*

Un de nos représentans de la cité se propose à la rentrée de faire une belle paraphrase du Parturient montes. *Il aura le tems de polir son discours, car le parlement est prorogé. La cour en a besoin & de quelque chose de plus encore pour lui faire goûter les avantages de la convention.*

Cela ne sera pas aisé; & les antagonistes du grand Guillaume se promettent bien de le chausser vivement dès les premieres sessions. On juge qu'elles seront fort intéressantes, & je suis bien de cette opinion.

En attendant; les ordres sont déjà donnés & s'exécutent: on a suspendu les travaux dans les ports & la presse.

La chose singuliere, c'est que pendant qu'on rallentit nos préparatifs de mer, nous ne voyons rien de changé dans les arrangemens de terre. On augmente toujours les compagnies & on n'en continue pas moins la levée des nouveaux régimens.

Nos papiers anti-auliques s'égayent, comme vous pensez bien sur ces mesures contradictoires & les gens sensés en concluent sérieusement que la convention pourroit bien avant peu être comme non avenue.

Les plaisans se demandent comment nos ministres & ceux de France ont pu s'entendre à demi mot dans les déclarations qu'ils ont échangées? D'autres répondent qu'ils ont toujours commencé par convenir de désarmer, parce que c'étoit le le plus pressé; mais qu'actuellement ils sont occupés à convenir entr'eux des motifs qui les avoient déterminés à prendre ce parti, & que dans quelque tems ils s'expliqueront plus intelligiblement.

La cour s'est attendue à ces fronderies, & elle peut encore s'attendre à bien d'autres, jusqu'à ce que le parlement ait fixé le jugement public.

Ce qui est assez plaisant, c'est que nos lettres de France disent que de leur côté, l'arrangement du 27 n'a inspiré ni plus de joie, ni plus de confiance.

. . . .

Le comte de Woronzow se donne toujours beaucoup de mouvemens; il a de fréquens entretiens avec nos Lords de l'amirauté, & il a don-

né beaucoup de commissions pour tous les avitaillemens que la flotte de sa nation doit prendre dans nos ports.

J'ai des lettres de Cadix qui ne lui promettent pas un passage tranquille dans le détroit. Ces mêmes lettres peignent l'ambassadeur Turc comme un homme de beaucoup d'esprit, d'un grand sens, & fort instruit dans les intérêts de nos Cours d'Europe. Il a réussi auprès du ministere espagnol & dans le corps diplomatique. Il paroît que sa mission ne sera pas inutile à la Porte, & à l'air de satisfaction qu'il marque, on croiroit qu'il a déjà obtenu une partie de ses demandes. Quelques régimens vont être transportés à Minorque; & l'escadre de Langara doit se stationer au Port Mahon.

Peut-être ces dispositions-ont elles changé depuis qu'on a sû à Madrid ce qui a été fait le 27 à Versailles.

Observations du 15 Novembre 1787.

On ne peut garantir ni la vérité des nouvelles, ni celle des citations qu'on vient de lire dans cette lettre; mais l'état & les relations de la perſonne qui l'a écrite, ſont d'une préſomption trop impoſante pour ne pas donner lieu à quelques réflexions.

Les diſpoſitions de la cité, jugées ſur ce qu'on voit dans la lettre, du ſort de la motion faite par M. *Watkin Lewis*, ne laiſſent pas lieu de douter de la ſenſation que la nouvelle de la convention a faite ſur la plus grande partie de la bourgeoiſie de Londres. On convient que le ſilence avec lequel les collégues de M. *Watkin Lewis* ont reçu ſa propoſition, peut n'être qu'humiliant ſans tirer à conſéquence; mais ce ſentiment eſt remarquable en ce qu'il annonce le vœu général des corporations. Se refuſer dans une circonſtance auſſi importante à exprimer ſa reconnoiſſance au ſouverain, n'eſt-ce pas annoncer ſon mécontentemnt? Et ce mécontentement eſt-il lui même ſans conſéquence?

C'eſt cette cité qui eſt la capitale d'un royaume habité par un peuple libre & fier; c'eſt elle qui donne ordinairement le ton & le mouvement à toutes les autres villes. Et la Majeſté de ce peuple (pour parler la langue de ſes repréſentans) s'eſt trouvée plus d'une fois en opposition avec la Majesté même du Roi son souverain, qu'elle 'a aussi forcé plus d'une fois à des déférences jugées indispensables.

On n'entend tirer aucune conséquence de la *Paraphrase* annoncée dans la lettre; mais on croit cependant devoir y faire quelque attention, en ce qu'elle semble prouver que le voeu public de la nation, a toujours été fort au delà du vœu privé de S. M. B. Se proposer d'attacher le *ridicule de l'exiguité* aux avantages obtenus par la convention, suppose nécessairement qu'on doit parler à des gens qui attendoient bien davantage des préparatifs qu'on avoit faits & des subsides qu'ils avoient donnés.

Ce qu'on croit devoir remarquer surtout, c'est que le membre du Parlement qui se propose de donner ce ridicule à l'administration', est un des représentans de la cité de Londres, qu'il est apparent qu'il sera incité & soutenu par ses commettans toujours imposans non seulement pour les ministres, mais pour le corps même de l'assemblée nationale, (quand leur vœu est uniforme.

On n'ignore point qu'il est possible de prévenir, & même de se concilier, ceux surtout qui annonçent d'avance leurs attaques. (Ce sont vraisemblablement ces moyens d usage que l'auteur de la lettre a désignés, en écrivant qu'il falloit à la cour, du tems & *quelque chose de plus*.

On sait que cette marche reussit communément, mais il n'eſt pas ſans exemple qu'elle ait manqué.

Et ſi elle manquoit dans la conjoncture préſente, & dans les diſpoſitions guerrieres où paroit être la nation britanique, quel ſeroit alors le réſultat du grand ſacrifice que la France auroit fait au maintien de la paix ?

Quels feront, quels peuvent être les événemens qui rempliront l'intervalle de la prorogation ? n'en peut-il pas ſortir de la convention même, qui ajoutent aux difficultés de la rendre durable en la faiſant agréer au Parlement ?

En écartant tout ce qu'il peut y avoir d'amer dans le reproche que font les papiers déſignés ſous le nom d'anti-auliques aux miniſtres des deux cours ſur le vague des expreſſions des déclarations qu'ils ont échangées ; on ne peut cependant pas ſe diſſimuler qu'il n'y ait effectivement quelques objets eſſentiels ſur leſquels il eſt étonnant que de part & d'autre on ne ſoit entré dans aucune explication claire & préciſe.

Les ſubſidiaires de l'Angleterre, en en reſtraignant le nombre à ceux ſeulement qui ſont évidemment connus, Heſſois, Hanovriens & Brunſwikois, formant cependant un corps effectif de 34,000 hommes,) pouvoient paroître aſſez intéreſſans à la permanence de la conciliation, pour n'être compris que ſous l'expreſſion générale de *Tous préparatifs de guerre* : On craint que ce concert reſpectif de ne point toucher les cordes délicates, n'annonce de part & d'autres plus de deſir de convenir de la fin, que de ſe bien entendre ſur les moyens.

Les réflexions qu'on ne peut s'empêcher de faire ſur cette queue viſible d'une convention ſi voilée, deviennent plus ſérieuſes, ſi ce qui eſt conſigné dans la lettre ſur l'augmentation des compagnies & ſur la levée de nouveaux régimens eſt fondé en vérité.

Ces réticences d'activité, il faut en convenir, ne ſont pas faites pour inſpirer une grande confiance dans la tenue d'une convention ou (ſans la parole de S. M. B. qui en fait la ſeule ſureté) il ſembleroit par les faits, que l'Angleterre ne ſe ſeroit arrangée avec la France ſur mer, que par raiſon d'inſuffiſance à l'aſpect des moyens réunis de la France & de l'Eſpagne, & ſurtout pour s'aſſurer, par le bénéfice de la convention, les moyens de diſſoudre l'alliance qu'elle craignoit, & de reſſerrer ſes anciens nœuds avec la République.

On ignore quelles ont été les meſures & les ordres proviſoires que l'Eſpagne, en armant, a fait paſſer dans ſes poſſeſſions, mais il y a lieu de préſumer qu'ayant été de la même eſpece que celles de la France & de l'Angleterre, elles peuvent donner lieu à des événemens où l'honneur & l'intéret national de la grande Bretagne ſe trouveront compromis.

F 4

Si les régimens eſpagnols deſtinés pour Minorque, y ſont réellement tranſportés, ſi l'eſcadre de cette nation paſſe dans la Méditerranée, & qu'elle ſe ſtationne à Mahon comme le marque la lettre; ſi la cour de Madrid a effectivement pris quelques engagemens avec l'ambaſſadeur Ottoman contre la Flotte ruſſe, comment ſe flatter de parvenir à conſolider pour l'avenir l'ouvrage du moment préſent?

Observations sur la guerre des Turcs.

Du 20 Novembre 1787.

Il y a quelques jours qu'on auguroit sur la vigueur avec laquelle les Turcs avoient attaqué pour la seconde fois la forteresse de Kynburn, que cette place pourroit bien être emportée à une troisieme tentative.

Cette troisieme attaque a eû effectivement lieu dès le 12 d'Octobre. Elle a été plus vive que les deux qui l'avoient précédée, & d'après les relations mêmes des Russes, les assaillans étoient au moment de réussir dans leur entreprise lorsqu'ils ont été surpris, attaqués en flanc & tellement détruits, suivant une relation russe, qu'il n'en est pas resté un seul.

On montre à Pétersbourg une lettre officielle écrite de Cherson le 16 du même mois d'Octobre, avec les détails suivans.

„ Le Pacha d'Oczakow avoit promis à „ tous les volontaires de sa garnison qui „ concourroient au succès de l'expédition, „ une pension annuelle à leur retour. „

„ C'est un officier françois qui avoit „ dirigé la descente & l'attaque, il y a été „ tué. „

„ Les Turcs s'étoient emparés d'une „ demi-lune & d'un bastion, & en avoient

„ tourné avec beaucoup d'effet le canon „ contre les Ruſſes. „

„ C'eſt dans cette ſituation ſi critique „ pour la garniſon de Kynburn que les „ deux généraux Suvarow & Reck ont „ fait la vigoureuſe & meurtriere attaque, „ qui a tout ſauvé.

On a vu une lettre particuliere écrite de Vienne deux jours après la nouvelle qu'on y avoit reçue de l'évènement. Cette lettre confirme la non-réuſſite des Turcs, mais elle ajoute que les ouvrages de la place ont été prodigieuſement ruinés. Elle ne marque rien des deux généraux Ruſſes ni de la totale deſtruction d'un corps de 3 à 4000 hommes.

Suivant cette lettre il y a eu un engagement fort chaud, avant le rembarquement, dans lequel les Turcs & les Ruſſes avoient beaucoup perdu de monde.

On eſt aſſez tenté de donner plus de confiance à l'expoſition naturelle de la lettre de Vienne, qu'à celle de cette meurtriere lettre officielle, dans laquelle on ſe flatte qu'au moins pour la plus petite partie des aſſaillans, le déſir de flatter la ſouveraine aura bien un peu exagéré la vérité.

Mais en admettant la relation Ruſſe, même avec tous les détails officiels, & en les ſuppoſant tous auſſi vrais que celui de l'entiere deſtruction d'un corps de 3 à 4000 hommes, eſt invraiſemblable; cet échec, tel qu'il ſoit, n'infirmeroit point encore l'opinion qu'on a préjugée de la tête & du courage du Grand-Visir.

On remarque surtout que la résolution de faire une troisieme attaque, est une preuve évidente que le Général qui l'a ordonnée, a parfaitement senti toute la conséquence dont étoit cette forteresse, pour ouvrir ou fermer la communication de Perécop. On croit pouvoir en conclure que le guerrier qui a jugé si sainement des moyens, a également vû les avantages ultérieurs qu'il pouvoit tirer du premier succès auquel il aspiroit. On en présume qu'il n'est pas homme à se désister d'une entreprise dont il connoit si bien toute l'importance, surtout lorsque l'objet, quoique manqué dans son complément, a cepenpendant préparé par la ruine des ouvrages, le succès d'une quatrieme tentative. On la croit effectuée dans le moment même qu'on l'écrit.

Les Turcs, suivant la lettre officielle, étoient parvenus à se rendre maitres d'une demi-lune & d'un bastion; ils en avoient tourné le canon contre le feu de la place: ils avoient donc attaqué ces ouvrages sous le feu de ces mêmes batteries & les avoient emportés de vive force. (*) Voilà le courage indigéne.

Des troupes assez mordantes pour former & soutenir une attaque de cette es-

---

(*) Premier volume, page 43.

pece peuvent ſe metre au niveau de leurs émules, tels qu'ils puiſſent être.

L'officier françois qui avoit dirigé la deſcente & conduit l'attaque, a été tué (*) voila le chiffre marquant:

On a vu qu'il n'étoit pas le ſeul qui fût dans le cas d'être employé auſſi utilement; & les Ruſſes peuvent s'attendre qu'il s'en trouvera encore plus d'un à Oczakow de la même nation avec le même fonds de courage & d'intelligence.

Au reſte, il eſt aſſez difficile d'imaginer que les troupes tirées de la garniſon d'Oczakow, aient formé un corps de 3 à 4000 hommes, comme le marquent les relations ruſſes: il faudroit au moins une garniſon de 15 à 16,000 hommes, pour en avoir fait ſortir un détachement ſi conſidérable; mais, en admettant même que la défenſe de cette place fût affoiblie par la perte d'un auſſi grand nombre de ſes défenſeurs, cette perte auroit encore été aiſée à réparer par les remplacemens qu'on y auroit pu faire paſſer de Bender, ſoit que les bâtimens détachés de la flotte qui mouille ſous Oczakow euſſent remonté le Nieſter pour les embarquer à Bender même, ſoit qu'ils les euſſent attendus à Bialogorod à l'embouchure du Fleuve; & ſurement ce vuide, tel quil ait été, aura été bientôt rempli.

On ſe reprocheroit de rien diminuer de

(*) Second volume page 16.

la gloire des généraux *Reck* & *Suwarow*, si leur ataque est telle qu'elle est exposée dans la lettre officielle, mais on croit qu'au point où étoient les choses, la mort de l'officier françois est la véritable cause du salut de Kynburn. En perdant la tête, le cœur & les bras des assaillans ont perdu toute leur force. *

On renouvelle encore acte d'incrédulité sur la plénitude de la destruction d'un corps entier de 3 à 4,000 hommes, mais en voulant bien l'admettre pour vraie, on s'en croiroit encore autorisé à en conclure que des troupes qui, après la perte de leur chef se font tuer sur la place, & n'ont point cherché à se sauver par la fuite, ont donné de grandes espérances sur celles qui les remplaceront.

S'il est vrai, comme le marquent les nouvelles de Pologne, que la grande armée Turque rassemblée sous Bender ait remonté le Dniester jusque sous Choczim, il ne seroit plus douteux que ce mouvement n'eût pour objet de justifier ce qu'on avoit annoncé de l'offensive que le Visir paroissoit vouloir prendre en Pologne & peut-être contre la Pologne même.

On ne peut statuer rien de positif sur l'augmentation des troupes Russes qui peuvent avoir joint le Feld-Maréchal comte de *Romanzow* depuis son arrivée à Bracklau, mais on doute, (& on croit avec raison) qu'il puisse être assez en forces dans ce Palatinat pour oser se porter à la droite du Bog dans l'objet de difputer à l'armée Ottomane le paffage du Dniefter; Tels que foient les renforts qu'ayent pu recevoir les deux colonnes conduites par les Généraux en chef d'*Elmpt* & prince de *Gallitzin*; la fupériorité hors de toute proportion des corps réunis de Bender, d'Yaffy & de Choczim même, doivent mettre les Turcs en état de paffer le Fleuve au deffus & au deffous de Kaminiec & dans le même tems, comme on croit qu'il leur conviendroit de le faire pour intéreffer également les Ruffes & les Polonois, & empêcher ces derniers de fe joindre aux premiers, par la crainte en le faifant, de découvrir la Podolie.

Cette province & les Palatinats voifins de Wohlnie & de Belz font d'autant plus intéreffans à prémunir contre l'invafion de l'ennemi, que ce font principalement eux qui peuvent fournir aux fubfiftances qu'on ne peut efpérer cette année-ci de tirer ni de la Kiovie, ni de l'Uckraine, ni même du Palatinat de Bracklau.

On a de fortes raifons de croire que la fortereffe de Kaminiec a été fort négligée, & d'après le jugement qu'on a porté des troupes qui ont pû enlever les ouvrages & les batteries de Kynburn, on croit que fi elles font auffi bien dirigées & menées, elles emporteroient encore plus facilement les ouvrages que les Polonois ont élevés à Zwaniec.

On voit bien que les dispositions personelles de S. M. Polonoise & celles de la plus grande partie des membres du conseil permanent, sont parfaitement déférentes au vœu & même à l'ordre quelconque de *Catherine II.* Mais on remarque aussi qu'il s'est élevé dans ce même conseil des voix contre la liberté avec laquelle les troupes de Russie étoient entrées sur le territoire républicain; on sait que les voies de fait qui ont eu lieu à cette occasion entre une troupe d'avant garde russe & une garde polonoise ont été d'abord assoupies comme un mésentendu; mais on sait aussi que les mécontens du Gouvernement actuel de Pologne (& il y en a beaucoup) n'ont besoin peut-être que de se croire soutenus pour jetter les hauts cris contre l'air de suzeraineté avec lequel on a si irrégulierement offensé la souveraineté de la République, & il ne seroit pas impossible que le voisinage d'une armée turque ne portât ces dispositions internes jusqu'à une explosion au dehors.

Il en resulteroit deux très grands inconvéniens pour les Russes.

L'un porteroit sur les obstacles qu'éprouveroit le Comte de *Romanzow* à se réunir les corps d'armée de la République & du Grand-Duché (car il y aura surement dans l'un & dans l'autre des diffidens au vœu de la Russie & du Roi de Pologne.)

L'autre porteroit sur la difficulté de former des magazins & de rassembler les fubfiftances néceffaires à une grande armée.

On ne peut efpérer de parvenir à remplir cet objet effentiellement préliminaire à toute opération de guerre, que par le concours volontaire des feigneurs terriens propriétaires, ou par la contrainte à main armée. Le premier de ces deux moyens n'exifteroit pas dans le cas fuppofé, & le fecond diminueroit indifpenfablement une armée déjà jugée infuffifante.

Le plan offenfif du Grand-Vifir paroît encore annoncé par la nature même d'un avantage remporté par les Ruffes, au moyen de la furprife faite par le Général Uram d'un millier de chevaux Tartares qui avoient pénétré jufques dans l'Uckraine. L'objet de ce détachement n'a pû être que de reconnoître le terrain & l'ennemi dans cette partie, & l'objet apparent de cette reconnoiffance étoit vraifemblablement de fe porter en corps plus confidérable fur le terrain qui auroit été reconnu. Cette furprife, fi elle eft vraie, indiqueroit affez de la part du Vizir le projet qu'on lui fuppofoit (*) (fur la diftribution des troupes de fa droite) & cette indication femble encore confirmée par le mouvement du grand camp de Bender vers le haut Niefter.

(*) Second volume, page 78.

En

En ſe réſumant ſur toutes ces obſervations, on perſiſte à croire que les Ruſſes ne peuvent guere commencer leurs opérations par le ſiége d'Oczakow, malgré les ordres inſtans de leur ſouveraine, & qu'au contraire, il eſt très vraiſemblable que les Turcs veulent & peuvent prendre l'offenſive ſur le haut Dnieſter, & en cas de ſuccès, s'étendre ſur les deux rives du Bog, & enlever, ainſi qu'on le marquoit, les ſubſiſtances entre les deux fleuves du Dnieſter & du Nieper, pour ôter à l'ouverture naturelle de la campagne, les moyens aux deux armées de *Romanzow* & de *Potemkin* de ſe communiquer, & forcer ce dernier Général (ſi l'expédition contre Kynburn ſe renouvelle avec ſuccès) à ſe concentrer dans la Crimée, ou s'il veut ſe maintenir en même tems dans la Péninſule & dans la nouvelle Servie, à s'affoiblir dans l'une & dans l'autre.

La marche des corps d'armée Ottomane ſur la gauche, vers le haut Danube, la Théyſſe & la Maraſche, paroit toujours dirigée vers la défenſive qu'on auguroit dans les précédentes obſervations; & malgré les approches menaçantes des armées autrichiennes, on continue à croire qu'il n'y aura dans cette partie que des marches & des emplacemens préparatoires d'attaque & de défenſe.

L'eſpoir auquel on paroit encore ſe livrer ſur la poſſibilité d'une réconciliation entre les trois Cours, paroit moins fonde que jamais, même en admettant qu'on y travaille bien sincérement de la part de la France, & que *Joseph II* soit disposé par d'autres considérations à s'y prêter.

On croit s'être convaincu que, soit que l'idée du recouvrement de la Crimée soit venue au Divan de son propre mouvement, soit que quelque ministre étranger ait aiguilloné le ressentiment de la Porte, il n'y a aujourd'hui que la loi de la plus impérieuse nécessité qui puisse porter le ministere Ottoman à y renoncer; & s'il étoit une voie ouverte à la conciliation, on ne verroit d'autre moyen de réussir que dans le sacrifice absolu de l'intérêt d'un tiers aux intérêts des deux autres.

Pour rendre cette idée sans ambiguité & aussi clairement qu'on la conçoit, on pense qu'il seroit possible peut-être d'engager les Turcs à de grands sacrifices sur le Danube, même jusqu'à y remettre les choses avec la cour de Vienne à peu près sur le pied de la paix de Passarowitz, pourvû qu'on leur laissât liberté entiere du côté de la Mer noire. La Crimée est leur grand objet, & par la même raison qu'on ne croit pas possible de les porter à renoncer à ce recouvrement, on pense qu'il est peu de choses qu'ils ne fissent pour se l'assurer; la politique, le commerce, la religion leur prescrivent également de tout faire pour recouvrer une avulsion aussi humiliante pour l'honneur du Califat que préjudiciable à l'entretien & à la force de leurs armées, & aux avantages de leur commerce.

Malgré tous les soins que peut se donner à Pétersbourg l'ambassadeur de France, les matériaux qu'il pourra faire passer à M. de *Choiseul* à Constantinople ne mettront jamais ce dernier dans le cas de porter le Divan à nouer des négociations, tant qu'il n'y aura pas des paroles de portées sur la renonciation expresse de la Russie à la Crimée.

Si M. de Ségur peut faire adopter ce moyen à *Catherine II*, ou que l'Empereur puisse être porté à séparer son intérêt personel de celui de son alliée, on croira à la possibilité de la pacification. Sans l'un ou l'autre de ces deux points, on la juge impossible tel *Mezzo termine* qu'on cherche à y substituer.

Le grand intérêt que verroit la France à évincer par là le pavillon russe de la Méditerranée, donneroit surement de sa part la plus grande activité à son interposition.

Mais quand on se replie sur la grandeur d'ame & l'élévation des vues de *Catherine II* & qu'on considere le grand démembrement de gloire personelle qu'elle verroit attaché au sacrifice de sa nouvelle acquisition; quand on voit l'intérêt personel que les principaux dépositaires de la confiance & de l'autorité de cette souveraine ont à lui conserver cette possession, particulierement le Prince de *Potemkin* qui perdroit à ce ſacrifice un nom glorieux qui doit lui être plus cher que la vie ; on croit être bien ſûr que jamais cette propoſition ne ſera faite à Pétersbourg que lorſque les armées ottomanes auront étendu leurs ſuccès juſques dans la Kiovie & que tous moyens de reprendre l'avantage ſur elles seront entiérement épuiſés.

D'un autre côté un juſte reſpect pour les engagemens qu'on a toujours cru, & qu'on croit encore avoir été pris & renouvellés de cœur à cœur & de bouche à bouche entre *Joſeph II* & *Catherine II*, ne permettent pas de ſuppoſer la poſſibilité d'une déſunion d'intérêts dont l'indiviſibilité anciennement reconnue & ſolemnellement déclarée à la ſignature du traité de Belgrade, paroit avoir été ſi confidemment confirmée dans les voyages de l'Empereur à Pétersbourg & à Cherſon.

C'eſt en ſe fixant ſur des conſidérations ſi déciſives, ſi impoſantes que l'homme qui réfléchit & diſcute de bonne foi croit devoir ſe refuſer à l'opinion aſſez généralement répandue que les négociations de l'hyver concilieront tous les intérêts & étoufferont dans ſa naiſſance l'incendie qui a commencé à éclater dans le Levant.

EXTRAIT

des résolutions des Seigneurs Etats de Hollande *&* *de* Westfrise, *prises à l'assemblée de* L. N. *&* G. P. *Jeudi le 25 Octobre 1787.*

*MM. les députés de la ville d'*Enkhuizen, *ont fait & ensuite produit par écrit, la proposition suivante, à l'assemblée, tendante à persister dans la constitution constatée dans la démonstration du 16 Octobre 1587; de même qu'à la confirmation du Gouvernement* Stadhoudérien, *suivant la délation héréditaire de l'année 1766, sur le pied de la résolution du 16 Novembre 1747, de faire prêter le serment contenu dans ladite proposition à toutes les bourgeoisies armées des villes & du plat pays, ainsi qu'à tous ceux qui y occupent des charges & emplois.*

MM. les députés de la ville d'*Enkhuizen* ont l'honneur de proposer à l'assemblée, au nom & par l'ordre exprès de MM. leurs commettans.

Que quoique l'heureuse révolution des affaires, qui a eu lieu depuis peu de jours, ait mis des bornes aux désordres les plus extravagans, qui ont porté cette province & même la république entiere sur le penchant de leur ruïne, il étoit cependant encore à craindre que les habitans infectés d'impressions fausses & erronées, touchant la constitution fondamentale de notre sage & prudent Gouvernement, pourroient se laisser entrainer à la séduction ; épreuve funeste que l'on a déjà faite dans plusieurs d'entre eux & qui a été si fatale à la chere patrie pendant les années dernieres.

Que pour remédier de la maniere la plus courte, la plus simple & la plus efficace, MM. leurs commettans ont trouvé bon de représenter à V. N. & G. P. *s'il ne seroit pas utile de déclarer de nouveau.*

Qu'on persistât dès-à-présent, en ce qui concerne la véritable constitution du Gouvernement de cette province, dans la démonstration succinte & claire, qui a été exposée par les nobles & les villes, le 16 Octobre 1587, comme la base sur laquelle le Gouvernement de ces pays a été fondé depuis plusieurs siecles; duquel, depuis les monumens les plus anciens, jusqu'ici, la loi fontamentale n'a jamais été altérée.

*Qu'on confirmât aussi de nouveau le Gouvernement Stadhoudérien, & tel qu'il a été décerné héréditairement, l'année 1766, sur le pied de la résolution du 16 Novembre 1747, suivant la commission donnée au présent seigneur prince d'*Orange *& de* Nassau, *comme une constitution dont dépend le salut ou la ruine de cette province.*

Et d'autant que cette constitution provinciale, est de nature à intéresser tous les habitans de ce pays sans distinction, puisqu'il n'y a aucun pri-

vilege, ni octroi, qui exclue le moindre d'entre les bourgeois, lorsqu'il a porté ses affaires dans cette situation, par son application, sa bonne conduite, ou par d'autres circonstances favorables, de la faculté de remplir les premieres charges de la magistrature & d'honneur; & que dans ce sens, l'on peut considérer le regime de cette province, comme ayant rapport à l'influence du peuple pour chacun des individus qui la compose.

MM. nos commettans s'en rapportent donc à la considération, si l'on ne devroit pas résoudre & arrêter de faire prêter le serment suivant à toutes les bourgeoisies armées des villes respectives & du plat pays.

Nous jurons d'aider à soutenir & à maintenir de tout notre pouvoir le Gouvernement de l'Etat & stadhouderien, tel que le premier a été arrêté & reglé le 16 octobre 1587, & le dernier tel qu'il a été décerné héréditairement par une commission à S. A. S. Mgr le prince d'Orange & de Nassau, l'année 1766, & lequel il ne nous sera pas permis de renverser ou changer, ni directement ni indirectement; promettant de ne nous laisser séduire, en aucune maniere à cet égard.

Sur quoi ayant été délibéré & MM. de l'ordre équestre & des nobles & les autres membres aiant demandé copie de ladite proposition, pour l'examiner selon l'ordre, & savoir à cet égard l'intention des seigneurs leurs commettans, la résolution finale a été remise jusqu'à nouvelle délibération.

Obſervations ſur la propoſition de la ville d'Enkhuiſen à l'aſſemblée des ſeigneurs Etats de Weſtfriſe, le 25 d'octobre 1787.

Dans l'examen qu'on faiſoit de la réſolution que les Etats du pays d'Utrecht avoient fait remettre aux Etats-Généraux le 12 octobre dernier, on croyoit apercevoir que la premiere partie de cet écrit miniſtériel dictée par l'autorité, avoit été commentée dans la ſeconde par la réflexion. On obſerve aujourd'hui que la propoſition remiſe par les députés d'Enkhuiſen à L. N. & G. P. n'eſt tempérée par aucune eſpece de commentaire. Cette régence a obéi ſans réſerve; ou ſi, comme ſiége d'une admirauté, elle n'a ſuivi que l'impulſion de ſon zele pour la perſonne & l'autorité de M. le Grand-Amiral ; il paroitroit que ce même zele a été beaucoup plus ardent que réfléchi.

S'il eſt vrai qu'il y ait encore à craindre, que les bons habitans *infectés d'impreſſions fauſſes & erronées ſur la conſtitution fondamentale* ſe laiſſent entraîner à la *ſéduction*, n'y auroit-il pas à craindre auſſi que le préſervatif dont on propoſe l'emploi, ne fût lui-même ſujet à de grands inconvéniens?

Cette maniere tranchante de remédier, indiquée comme la plus courte, la plus ſimple & la plus efficace, eſt-elle bien du propre choix d'une ville Républicaine accoutumée à ne se résoudre que sur des délibérations lentes & circonspectes ?

Sont-ce bien des magistrats représentans une Bourgeoisie collective, du sein de laquelle eux-mêmes sont tirés, qui ont articulé qu'*il suffisoit à l'influence du peuple pour* chacun *des individus de cette même ville d'Enkhuizen* qu'aucun bourgeois *ne fût exclu* de la faculté de remplir les premieres charges de la magistrature & d'honneur ; lorsqu'indépendamment des titres que ses richesses, son application & son mérite personnel lui donneront pour participer à la régence de sa Cité, cet honneur *dépendra encore d'autres circonstances favorables.*

Ce sont des magistrats républicains qui font entrer comme moyen de parvenir aux mêmes magistatures, *la faveur de celui que la République commet constitutionnellement pour défendre son droit & sa loi ?* (Car c'est là la véritable définition de la dignité stathoudériennne.)

Qu'entendent MM. d'Enkhuizen par *circonstances favorables* si ce n'est pas la faveur telle qu'on vient de la désigner ?

Est-ce une régence libre qui demande librement qu'on fasse prêter serment à une société partie intégrante de la souveraineté ? Un serment par lequel cette même société jure de défendre *le Gouvernement de l'Etat & stathoudérien* : l'un & l'autre sur la même ligne ?

La régence d'Enkhuisen a-t-elle observé

que ce n'eſt que par la manifeſtation du vœu collectif de ces mêmes bourgeoiſies que les actes de 1747 & de 1766 ont été conſtitutionnels? C'eſt par la reconnoiſſance que l'équité, la douceur & l'impartialité du gouvernement ſtathoudérien doivent inſpirer à ces bourgeoiſies, qu'il convient de les obliger à le défendre; les y aſſujettir par un ſerment, n'eſt plus les traiter en républicains : joindre à une formule auſſi nouvelle dans l'adminiſtration de la Province d'Hollande, la promeſſe aviliſſante de ne pas ſe laiſſer ſéduire; Ce n'eſt pas même les traiter en ſujets ordinaires, mais en ſujets coupables.

On ſent bien que les circonſtances ne leur ſont pas favorables pour ſe refuſer à tout ce que la force exigera ſous les formes de la légalité ; mais des engagemens pris ſous le couteau ſont-ils véritablement propres à ramener ceux qui ont des impreſſions erronées? Ne le feroient-ils pas davantage à faire naître des ſoupçons & à jetter l'allarme dans l'ame de ceux qui ont été les plus ſincerement dévoués au Stathoudérat?

La parfaite réintégration des droits attachés à cette éminente dignité, aux termes de la ſanction de 1747 & du décret de 1766; Voilà quel a dû être le vœu des républicains amis du Gouvernement, du bien, de la gloire & de la perſonne du prince ſtathouder. Confirmer & renouveller ces actes; le ſuccès de la révolution leur en a donné le pouvoir; assujettir à cette constitution, par la plénitude de la loi, ceux qui ont voulu y mettre des bornes; c'est le droit du vainqueur, il peut en user. Un pas au delà, c'est l'abus de la victoire, & il peut tourner contre le prince Stathouder lui-même. Et ce pas de plus, c'est le serment que la régence d'Enkhuisen propose de faire prêter aux bourgeoisies respectives des villes & du plat pays.

Le sage & prudent gouvernement, qui veut rester républicain, doit hésiter sur les suites de cette formalité imposante, & on ne peut qu'applaudir à la prudence avec laquelle L. N. & G. Puissances ont au moins gagné du temps & renvoyé à une nouvelle délibération leur décision souveraine sur ce pas délicat.

PRO MEMORIA. (*)

L'ordre de Malte a posſédé dès les tems les plus reculés, de grands biens dans les ſept Provinces-Unies.

On voit dans les archives de l'Ordre de Saint-Jean à Hétersheim une ſuite des Commandeurs qui, depuis l'année 1310, ont poſſédé & adminiſtré ces Bénéfices ſuivant les ſtatuts de l'Ordre, ſous la dépendance du Prince Grand-Prieur de Saint-Jean, comme grand prieur d'Allemagne.

L'ordre de Malte a joui tranquillement de ſes biens dans ces provinces juſqu'à la révolution par laquelle elles ſe rendirent indépendantes de la couronne d'Eſpagne. Ce fut à cette époque qu'on commença à lui enlever quelques-unes de ſes poſſeſſions.

On chercha à réparer cette perte au Traité de paix ſigné à Gand l'an 1576.

Il fut ſtatué par le 20me article „ que tous
„ les prélats & autres perſonnes eccléſiaſ-
„ tiques dont les abbayes & les fondations
„ étoient hors des Provinces Unies, mais
„ qui avoient cependant des biens dans ces
„ mêmes provinces, en devoient être mis
„ en poſſeſſion, uſage, propriété & jouiſ-
„ ſance. „

(*) Traduit d'un écrit en langue allemande qu'on répand actuellement dans tout l'Empire.

Ce traité de Gand fut non seulement confirmé en général & suivant les articles qui y avoient été réglés par l'acte d'Union des Etats en 1579, mais il fut encore constaté particulierement par l'article 14 de ce même traité d'union „ que toutes les per-„ sonnes ecclésiastiques, (ainsi qu'il avoit „ été réglé à la paix de Gand) ne seroient „ point troublées dans la jouissance des „ possessions qu'elles avoient dans les sept „ Provinces. „

Quoique l'ordre de Malte dût s'attendre que l'intégrité de ses biens garantie par deux actes aussi solemnels que le traité de Gand & l'acte d'union, lui seroit inviolablement conservée; On commença à envahir dans ces sept Provinces très peu de tems après le dernier de ces actes, surtout depuis l'an 1581, toutes ses possessions, sans qu'il eût donné aucun sujet à cette spoliation.

L'ordre de Malte vit alors ses biens & ses commanderies devenir le patrimoine de villes de marchands & de négocians.

La paix de Munster conclue en 1648 entre la couronne d'Espagne & les provinces-unies, donna à l'ordre de Malte quelques espérances de rentrer dans ses biens, en vertu des articles 24 & 25 du traité, suivant la teneur desquels „ tout ce qui s'étoit „ fait depuis l'année 1557 jusqu'à l'époque „ de cette même année 1648 ne devoit pré-„ judicier à personne, & les possesseurs ou „ héritiers des biens qui avoient été enle-

„ vés ou confisqués pendant les troubles „ de la guerre, pouvoient y rentrer de „ plein droit, sans être obligés de s'adresser à aucune cour de justice, ni être arrêtés par aucune convention ou incorporation quelconque qui auroit eu lieu „ pendant la guerre. „

Ce fut en conséquence de ces dispositions que le Grand-Maître *Jean Paul de Lascaris* donna l'investiture au cardinal *Frédéric de Hesse-Darmstadt*, alors grand Prieur d'Allemagne, du bailliage d'Utrecht & des onze commanderies qui y appartenoient, de la Commanderie de Harlem, & de trois autres commanderies situées dans la province de Groningue, dépendantes du bailliage de Steinförth, avec ordre audit Cardinal de demander aux Etats-Généraux d'être remis en possession de tous ces biens, en vertu des articles arrêtés & convenus dans les précédens traités.

Le Grand-Maître en écrivit lui-même aux Etats-Généraux dans les termes les plus forts, mais ces lettres resterent sans réponse.

Ce ne fut qu'en 1561 que la régence d'Amsterdam, sur les prieres des négocians de cette ville & de celle de Hoorn, chargea ses députés aux Etats-Généraux d'y plaider la cause de l'Ordre de St. Jean.

La régence d'Amsterdam prit ce parti sur les menaces des ministres plénipotentiaires du Cardinal de Hesse prince grand prieur, qui déclarerent formellement, qu'en cas de déni de justice, l'Ordre de Malte se la feroit lui-même, en enlevant dans la Méditerranée, les navires portans pavillons Hollandois.

Les Etats généraux, sur les demandes des députés d'Amsterdam nommérent à la vérité des commissaires, & ils entrerent à ce sujet en conférence avec le commandeur de Pallandt qui avoit été envoyé en Hollande pour traiter d'un accommodement ; mais ces commissaires firent naitre tant de difficultés, employerent tant de détours & surtout traînerent tellement la négociation en longueur qu'elle fut rompue infructueusement.

Le Prince grand Prieur de St. Jean Cardinal de Hesse, forcé de s'adresser à la Diette de l'Empire, porta sa réclamation à Ratisbonne en 1653 & demanda les secours de l'Empereur & des Etats de l'Empire.

Les deux Ambassadeurs de l'Ordre, le Baron de *Metternich*, & le Chancelier de *Lohn* firent à cet effet d'instantes sollicitations, sur lesquelles l'Empereur *Ferdinand III*, de glorieuse mémoire, ordonna par un rescrit du 26 Novembre 1653 au Comte palatin Duc de Neubourg, comme le Prince de l'Empire le plus proche, & en sa qualité de Directeur du cerle de Westphalie, d'employer toutes les voies de persuasion & même de force pour porter les Etats-Généraux à faire rentrer la Maitrise Allemande de S. Jean, dans la jouisſance des biens injuſtement enlevés à l'Ordre :

Le 5 Décembre de la même année 1653, Tous les Electeurs, Princes & Etats de l'Empire des deux réligions, adreſſerent un écrit aux Etats-Généraux, à ceux de la province d'Hollande & de la Friſe occidentale & à la Régence d'Amſterdam, dans lequel ils déclarerent être d'autant plus obligés de s'intéreſſer en faveur du Prince grand Prieur de l'Ordre de S. Jean, qu'étant en cette qualité Membre immédiat, & compris dans les contingens de l'Empire & du Cercle ſur l'évaluation des revenus qu'il tiroit des biens de l'Ordre, ils ne pourroient regarder la rétention injuſte des bailliages & commanderies ſitués dans les Pays-Bas; que comme une violation manifeſte de la Neutralité qui avoit toujours ſubſiſté juſqu'à cette époque entre l'Empire Germanique & les Provinces-Unies.

Ces écrits tout impoſans qu'ils duſſent être, ne produiſant aucun effet, M. *Friquet* conſeiller impérial & Ambaſſadeur extraordinaire à la Haye, remit par ordre de ſa Cour un mémoire françois très énergique dans lequel il établiſſoit & démontroit par les preuves les plus ſolides la juſtice des prétentions du Grand Prieur allemand de S. Jean, ſur les biens de l'ordre de Malte ſitués dans les Provinces-Unies.

Les cours étrangeres appuyerent le bon droit

droit de l'ordre de leur puissante intercession.

Sa Majesté le roi de la Grande-Bretagne recommanda cette affaire par un écrit en date du premier août 1661.

Sa Majesté le roi de Danemarck avoit adressé pour le même effet un écrit en date du 12 & 13 mai aux Etats de Hollande & à la régence d'Amsterdam.

Sa Majesté le roi d'Espagne fit déclarer aux Etats-Généraux dans un mémoire qui leur fut remis le 14 décembre 1661 par son ministre plénipotentiaire, que Sa Majesté Catholique ne pouvoit s'empêcher de recommander le cardinal *Frédéric* de Hesse en sa qualité de grand Prieur de l'Ordre de St. Jean en Allemagne; ce Prince étant compris comme ami & allié dans l'article 122 du traité de la paix des Pyrenées, conclue le 7 septembre 1659. Qu'en conséquence Sa Majesté Catholique espéroit que L. H. Puissances ameneroient à une heureuse décision les justes prétentions du prince Grand-Prieur sur les biens arrachés à l'ordre de Malte.

Aucune des Couronnes ne mit plus de chaleur dans cette affaire que celle de France.

Non-seulement M. le Comte de *Thou* remit aux Etats-Généraux un mémoire en date du 12 septembre 1660 concernant la réclamation des biens de l'ordre de Malte, mais il allégua de plus les raisons importantes qu'avoit le roi son maître pour voir nommément le Cardinal Prince *Frédéric* de Hesse grand prieur de l'ordre de St Jean, rentrer dans la jouissance de toutes ces possessions, suivant la loi même des sept Provinces, c'est-à-dire, d'après ce qui avoit été réglé & convenu par la paix de Gand & par l'union d'Utrecht, ce prince étant expressément compris comme son allié dans le traité de paix des Pyrenées.

M. le comte d'*Estrades* qui succéda à M. le comte de *Thou* dans l'ambassade de France à la Haye, continua selon les vues & les ordres de sa cour, à donner les marques du plus grand intérêt à la suite de cette affaire, surtout pendant les années 1663 & 1664.

Les Etats Généraux pressés par des représentations si fortes, des mémoires si convainquans, & surtout par l'interposition de cours si puissantes, prirent à la fin le parti de nommer des commissaires pour leur faire le rapport des prétentions de l'ordre de St. Jean.

On n'entre point dans le détail des différens retards qu'éprouva le travail des commissaires, ni dans la lenteur affectée qu'y mirent surtout les députés d'Utrecht, comme les plus intéressés à prolonger une décision qui devoit leur faire perdre le bailliage & les onze commanderies que leur Régence avoit injustement envahis sur l'ordre de Malte.

Il suffit d'exposer que cette commission n'auroit jamais rien décidé, si M. le comte d'*Estrades*, ambassadeur de France n'avoit pas formellement déclaré & de bouche & par écrit à MM. les Etats Généraux le 16 avril 1664 :

„ Que le roi son maître, las des promesses „ vagues qu'on donnoit à M. le cardinal „ de Hesse, & de l'opiniâtreté qu'on met- „ toit à ne pas se décider dans cette affaire, „ regarderoit comme un déni formel de „ justice si on différoit plus longtems à „ faire droit sur les réclamations de l'Ordre „ de Malte, soit en lui rendant en nature „ les possessions qui lui avoient été enle- „ vées, soit en s'arrangeant au moins avec „ cet Ordre sur un juste équivalent. „

La fermeté de cette déclaration décida enfin le rapport des commissaires, & la proposition qu'ils firent le 14 avril 1664 :

„ Pour que les Provinces donnassent „ plein-pouvoir à leurs députés de traiter „ avec les plénipotentiaires du prince grand „ Prieur de St. Jean, dans l'assemblée des „ Etats-Généraux, en les autorisant provi- „ sionnellement à convenir amiablement „ d'une évaluation équivalente en argent „ aux prétentions formées par l'Ordre sur „ les biens qui lui avoient été enlevés. „

Les remontrances que les députés de la province d'Utrecht firent contre cette juste décision, n'empêcherent point qu'elle ne fût communiquée aux Etats respectifs des provinces par des lettres circulaires.

La Province d'Hollande entra alors en négociation avec les ministres du cardinal de Heſſe, & termina avec eux l'affaire de la réclamation de la commanderie d'Harlem, moyennant une ſomme de 150 mille florins qui furent aſſignés ſur un banquier de Cologne & qui ont été acquittés.

La ville de Nimégue qui avoit été condamnée le 19 décembre, 1646 par une ſentence juridique de la cour provinciale de Gueldres à rendre *cum omni cauſâ & intereſſe* les biens appartenans à l'Ordre de Malte, entra auſſi en négociation, & cette affaire fut finalement terminée par accommodement l'an 1700.

En conſultant les rapports faits par les miniſtres plénipotentiaires du prince grand Prieur, on trouve que les Etats d'Hollande & de Veſtfriſe après avoir conſommé l'arrangement pour la commanderie de Harlem par le payement des 150,000 florins, avoient fait preſſentir le commandeur de *Pallandt* receveur général de l'ordre, relativement à un équivalent en argent pour le reſte de ſes prétentions, & que leur premiere offre, dans cette ſuppoſition, avoit été de 300,000 florins.

Les Etats d'Hollande & de la Friſe Occidentale, en faiſant cette propoſition auroient expreſſément réſervé à l'Ordre de Malte tous ſes droits & ſes répétitions contre la province d'Utrecht, puiſqu'elle continuoit à ſe refuſer à toute eſpece d'arrangement équitable. Les Etats d'Hollande promettoient de plus de leur part l'aſſiſtance la plus efficace pour porter ces mêmes

Etats d'Utrecht à faire justice à l'Ordre.

Les choses en étoient à ce point, lorsque la part que les Provinces-Unies furent obligées de prendre dans les guerres qui finirent par les traités de Nimégue & de Risvick, empêcha la suite des négociations sur l'affaire de l'Ordre de St. Jean.

On voit cependant dans les actes de la diette de l'Empire de l'année 1673, un *conclusum* par lequel les Electeurs, Princes & Etats de l'Empire prient l'Empereur *Ferdinand III* de glorieuse mémoire, d'aviser au moyen de faire rentrer, par voie d'admonition convenable, l'Ordre de St. Jean dans la jouissance de ses biens dans les Provinces-Unies.

L'Ordre de Malte perdit alors le cardinal *Frédéric* de Hesse Grand-Prieur de St. Jean. La mort de ce Prince illustre par sa naissance & par ses qualités personelles, lui enleva le défenseur le plus zélé de ses droits.

Toute espece de négociation sur la réclamation contre les Provinces-Unies resta donc suspendue jusqu'à la paix d'Utrecht en 1713.

Le Grand-Maître *Raimond de Perellos* envoya comme ambassadeur au congrès le baron de *Mervelt*, grand Baillif d'Allemagne & commandeur de Tobel, d'Arnheim & de Nimégue.

Cet ambassadeur appuya les réclamations de l'Ordre de Malte de différens mémoires & de déductions solides & profondes. Il dirigea particulierement ces réclamations contre la province d'Utrecht, mais la complication de différentes circonſtances rendit toutes ces démarches infructueuſes.

Sur le rapport qu'en fit cet ambaſſadeur, les commandeurs, Grands-croix & chevaliers de l'ordre de St. Jean s'aſſemblerent en chapitre général à Véſel, & y dreſſerent une proteſtation en forme, qu'ils firent remettre à Utrecht même à tous les ambaſſadeurs, miniſtres & envoyés réſidens alors en cette ville.

L'Ordre, par cette démarche authentique, mit au moins tous ſes droits à couvert, & ſe les réſerva contre la Province d'Utrecht & contre la Hollande même, en proteſtant ſolemnellement des léſions qui lui avoient été faites dans ſes propriétés, contre le droit de toutes les nations & ſpécialement contre la loi pragmatique des Provinces-Unies elles-mêmes, telle qu'elle avoit été conſignée dans le traité de paix de Gand, & dans l'acte d'union, contre la juſtice reconnue, & ſans égard pour les recommandations de la plus grande partie des Puiſſances étrangeres.

L'injuſtice dont l'Ordre de Malte a à ſe plaindre eſt encore plus révoltante, ſi on la met en oppoſition avec la maniere dont il en a uſé avec les Provinces-Unies.

Depuis deux ſiecles que ſes réclamations ont commencé, combien de vaiſſeaux portant le pavillon hollandois ou battus par la tempête, ou chassés par des corsaires, n'ont-ils pas trouvé refuge, sureté & subsistance dans les ports de la Religion, sans que jamais elle ait profité d'aucune de ces circonstances, pour user de représailles contre la République, malgré les menaces qu'elle en avoit fait faire par ses ambassadeurs !

Combien les galeres de la religion n'ont elles pas délivré de sujets des Provinces-Unies de la chaine des Barbares ?

Combien de marins de cette nation n'a-t-elle pas reçus dans ses hôpitaux, où on leur a donné non seulement les soins les plus gratuits, mais encore les moyens, après leur rétablissement, de retourner dans leur patrie !

Qu'un Patriote flegmatique ne fasse pas une juste attention à la noblesse de ces procédés, on n'en sera pas étonné, mais l'homme d'Etat y attachera un tout autre prix, sur tout s'il remonte jusqu'aux époques où la République encore au berceau, sans systême fixe, avec un pouvoir mal affermi, occupée à des guerres continuelles, offroit dans la Méditerranée où ses vaisseaux faisoient le commerce du Levant, tant d'occasions, si la Religion avoit voulu en profiter, de se faire raison par la force de tout ce qu'on lui avoit enlevé & de s'en faire donner un juste équivalent.

Au reste l'Ordre de Malte n'a renoncé à aucune de ses espérances sur ses justes réclamations ; S. M. l'Empereur a daigné promettre à l'exemple de ses illustres ancêtres depuis Leopold I Art. X. §. 8 de sa capitulation impériale, „ de procurer „ par des voies amiables la restitution des „ biens arrachés & retenus jusqu'ici à l'Or-„ dre tant dans l'Empire que dans les pays „ étrangers, surtout pendant les guer-„ res des Pays-Bas. „

La sollicitude paternelle de ce grand souverain pour toute l'Allemagne en général, & pour chacun des membres & Etats de l'Empire en particulier, inspire trop de confiance au Prince grand Prieur de S. Jean, pour qu'il n'espere pas dans une circonstance favorable, l'exécution de cette promesse sacrée de sa Majesté impériale.

Les démarches nobles & généreuses que les Princes & Etats de l'Empire ont faites pour le même objet aux époques indiquées dans cette déduction, autorisent l'ordre de S. Jean à se flatter que ces mêmes Princes & Etats voudront bien renouveller les mêmes preuves de l'intérêt qu'ils prennent à un établissement qui a été destiné dans son origine à faire celui d'une portion de la haute Noblesse nationale, & dans lequel cette même Noblesse a toujours eu sous les yeux les exemples les plus propres à la former à l'amour de la gloire & à la pratique de toutes les vertus civiles & militaires dont s'honore l'humanité.

E T A T.

Des Commanderies & biens prétendus par l'Ordre de S. Jean dans les Provinces-Unies.

Bailliage d'Utrecht.

I. La Commanderie de ce nom, à laquelle appartient une grande maiſon bâtie en pierre, une égliſe, differens droits, priviléges & péages dans la ville même, & dont dépendent & relevent différentes terres, telles que Therveiden, Narffen &c. &c., ainſi qu'il peut être conſtaté par les anciens titres de propriété & autres documens.

II. La Commanderie de Buren, diſtante de ſix lieues d'Utrecht.

III. La Commanderie d'Altermaler diſtante de quatre lieues d'Utrecht.

IV. La Commanderie de Werder, diſtante de quatre lieues d'Utrecht.

V. La Commanderie de Ulamerdinguen à trois journées de diſtance d'Utrecht.

VI. La Commanderie de Midelbourg dans la Province de Zélande.

VII. La Commanderie de Saack dans la Province de Friſe.

VIII. La Commanderie d'Jugero diſtante de huit lieues d'Utrecht.

IX. La Commanderie de Wemolinguen dans la Province de Zélande.

X. La Commanderie de Kirckerck dans la Province de Zélande.

XI. La Commanderie d'Insloë dans la Province de Gueldres.

XII. La Commanderie de Mitverff dans la Province de Frise.

XIII. La Commanderie de S. Johannis-Dath diſtante d'une journée d'Utrecht.

XIV. La Commanderie d'Oſterverden dans la Province de Friſe.

OBSERVATIONS

Sur le pro Memoriâ concernant les prétentions du grand Prieuré de S. Jean.

Du 29 Novembre 1787.

On regarde la déduction qu'on vient de lire, comme un écrit du plus grand intérêt dans les circonstances présentes.

Il n'est point de spéculateur qui, même à la premiere lecture, ne pressente au moins une partie de l'objet auquel il tend & des vues qu'il annonce.

S. A. R. le Prince *Ferdinand de Prusse* oncle de S. M. prussienne, est grand Prieur actuel de l'ordre de S. Jean dans l'Empire: Il est en cette qualité à la même place & aux mêmes droits que le Cardinal Frédéric de Hesse-Darmstadt; avec cette différence cependant que le Cardinal de Darmstadt avoit été investi des titres des domaines réclamés par le Grand-Maître *Paul de Lascaris*, qu'il étoit Mandataire d'ordres exprès *ad hoc*; & que ce Prince étoit effectivement sous l'obédience du régime de la Grande-Maîtrise de Malte, ce qui n'est pas tout à fait la même chose pour S. A. R. de Prusse, grand Prieur actuellement régnant dans l'Empire, mais vraisemblablement ces formalités auront été suppléées ou prévenues dans l'acte de ré-affiliation de 1754 ou 1755.

Tel avantage que le Prince grand Prieur de Hesse ait tirés de la haute illustration de sa naissance, il n'a pû être à cet égard qu'au dessous d'un Prince né si près du trône; & il est au moins apparent que l'habileté des ministres qu'il entretenoit auprès des Etats-Généraux (telle adresse qu'ils ayent pû y mettre) a dû être nécessairement au-dessous de la présence imposante des ministres vraiment plénipotentiaires qui prennent actuellement leurs quartiers dans le cœur de la Hollande, & qui sous le bon plaisir du Roi neveu du Prince Grand Prieur, y seront & à portée & en état d'appuyer avec succès les réclamations de l'ordre de S. Jean.

Si le comte d'*Estrades*, parlant au nom du Roi son maître, a forcé, ainsi qu'il est marqué dans la déduction, les Etats-Généraux à entrer en accommodement sur quelques-unes des prétentions formées par le grand Prieur de Darmstadt, soutenu de loin par *Louis* XIV, quelle influence ne doit pas avoir la présence d'un ministre Prussien qui parlera à ces mêmes Etats Généraux au nom de *Frédéric Guillaume*, dont les troupes viennent de donner la paix & la loi à la République, & qui leur recommandera les intérêts d'un grand Prieur oncle du Roi son maître?

En se bornant à ne considérer le *pro*

Memorià répandu dans ce moment-ci dans l'Empire, que fous cet afpect uniquement intéreffant au grand Prieur de S. Jean en Allemagne, il en réfulteroit toujours contre la République en général & plus particulierement contre la Province d'Utrecht, la neceffité de fe foumettre à une indemnité dont (vû l'efpace du tems que l'Ordre a été privé de fes revenus) l'évaluation, telle moderée qu'elle fût, lui feroit toujours très onéreufe.

Mais fi l'obfervateur dont l'objet & la tâche font de juger fur les poffibles, étend fes réflexions jufqu'à préfumer une ceffion quelconque ou faite, ou à faire, par le Prince grand Prieur & l'Ordre de S. Jean, en faveur de fa Majefté Pruffienne même; à telles claufes qu'il lui plaira de fixer à l'avantage du Grand Prieuré de S. Jean; cet obfervateur croira voir alors dans les titres établis dans la déduction, un droit acquis au Roi de Pruffe pour rentrer dans les poffeffions mêmes, telles nommément qu'elles ont été originairement réclamées par l'Ordre, fi le Monarque préfére, (comme cela pourroit bien être,) de s'en tenir aux droits réfervés par l'article 20 du traité de la paix de Gand, & par l'acte d'Union figné par les Etats des Provinces à Utrecht même. En ce cas, on fent qu'un Commandeur qui a 300,000 hommes à fes ordres, feroit un propriétaire bien impofant dans la ville d'Utrecht & dans la Province même, au moins.

La couronne de Prusse portée avec tant de gloire & d'éclat par les Princes de la maison électorale de Brandebourg, a été tirée originairement du chartrier des Chevaliers Teutons & Porte-Glaive. La Prusse devenue Duché indépendant de la Pologne, au traité de Wélau en 1612, a donné la loi en 1764 à son ancien Suzerain, & s'en est fait donner en pleine souveraineté les provinces qu'on nomme aujourd'hui Prusse occidentale.

Une seconde observation dont la singularité peut avoir quelque chose de frappant; c'est que tous les droits, toutes les possessions qui sont à réclamer par l'Ordre de S. Jean ont été principalement conservés à l'ordre de Malte par l'interposition du comte d'Estrades ambassadeur de France à la Haye, & que le droit acquis au grand prieuré de S. Jean en Allemagne, de faire valoir aujourd'hui ces titres d'anciennes propriétés en son nom & à son profit, ne lui a été légalement rendu qu'au moyen de l'interposition du baillif de Froullay, ambassadeur de la Religion à la cour de France, qui négocia en 1754 ou 1755 à Berlin même, la *réaffiliation* du grand Prieuré de S. Jean au chef-lieu de l'ordre de Malte sous le bon plaisir & par l'ordre du Grand-Maître *Pinto*.

S'il étoit vrai que cet objet intéressant de réclamation fût entré pour quelque chose dans les dispositions faites par S. M.

Pruſſienne dès les premiers jours (*) du mois de Mai dernier (deux mois avant le voyage que S. A. R. Madame la Princeſſe de Naſſau s'étoit propoſé de faire à la Haye) pour diriger contre le vœu de la France, un corps de ſes troupes ſur le territoire de la République, il ſeroit aſſez bizarre qu'un événement de cette nature eût été préparé ſans le ſavoir, par deux François auxquels la gloire & les intérêts de leur nation étoient ſi chers.

On convient que cette combinaiſon (poſſible cependant, puiſqu'elle a exiſté) n'étoit aſſurément pas ſoumiſe au calcul de la prévoyance politique.

On a vû dans une note (**) du 6 de ce mois de Novembre, ce que l'obſervateur auguroit des diſpoſitions que S. M. Pruſſienne pouvoit avoir laiſſé déjà tranſpirer à cette époque ſur le déſir bien naturel que pouvoit avoir ce Prince de profiter des circonſtances préſentes, pour décider la République à lui faire juſtice ſur la répétition des droits héréditaires de ſa maiſon Electorale, & ſur ceux de la créance acquiſe de la maiſon de Hohenlohe.

Si on réunit ces deux ſommes évaluées au moins ſix millions d'écus, à ce que Sa

---

(*) Premier volume, page 17.

(**) Second volume, page 47.

Majesté a le droit de demander pour la dédommager des fraix de la marche de ses troupes dans la derniere expédition, que quelques papiers publics, dont on ne peut garantir la vérité, portent à dix huit millions de florins, & qu'à cette masse déjà si considérable de prétentions exigibles, on joigne de plus l'évaluation du revenu des commanderies & autres biens de l'Ordre depuis près de deux siecles, quel autre moyen la République aura-t-elle pour s'acquitter, si ce n'est pas une cession territoriale?

Et si par toutes les raisons réunies de justice, de déférence & de nécessité, la République se décide à prendre ce parti, ne sera-ce pas de préférence sur les portions de territoire contigues & de convenance réciproque que portera le sacrifice?

On écrivoit dans la même note du 6 de Novembre (*) les deux phrases suivantes:

Messieurs les Etats d'Utrecht commenceroeint ils à pressentir la possibilité de voir se réaliser les deux sujets de craintes motivées sur les convenances respectives des deux cours de Vienne & de Berlin?

Auroient ils déjà quelque inquiétude sur le prix que S. M. Prussienne pourroit mettre à l'efficacité de ses services?

On ne croit pas que l'objet final de la déduction soit de nature à écarter les pres-

(*) Second volume, page 40.

ſentimens de L. N. Puiſſances d'Utrecht, ſi effectivement l'inquiétude ſe mêloit, comme on le jugeoit alors, aux expreſſions de reconnoiſſance conſacrées dans la premiere partie de leur réſolution du 12 Octobre.

Il n'eſt pas hors de propos d'obſerver dans la déduction qu'on a lue, la confiance que l'Ordre de St. Jean met à juſte titre dans la ſollicitude paternelle de l'Empereur pour tout ce qui peut intéreſſer le corps même de l'Empire Germanique en général & chacun de ſes membres & Etats en particulier. L'application du huitieme § de l'article X de la capitulation & de la promeſſe faite par S. M. Impériale de procurer par voie amiable les moyens à l'Ordre de St. Jean, de rentrer dans la jouiſſance de ſes anciennes poſſeſſions dans les Provinces-Unies, eſt un titre d'autant plus propre à citer pour effectuer cet arrangement, que la commanderie de Midelbourg & les deux autres qui ſont dans la province de Zélande peuvent prêter effectivement à une convention de cette nature, dans laquelle il ne feroit pas impoſſible que S. M. Pruſſienne (ſi elle étoit effectivement ſubrogée par le prince Grand-Prieur & par un chapitre général aſſemblé à Véſel) rétro-cédât à S. M. Impériale *amiablement* une partie de ces droits qu'elle auroit acquis.

Et dans cette ſuppoſition (poſſible) il eſt encore vraiſemblable que la raiſon de contiguité & de convenance reſpective feroit préférer à la République comme à l'Empereur, le Brabant hollandois à une partie de la Zélande.

Ce qu'on ne peut s'empêcher de remarquer dans la déduction, émanée vraisemblablement de la seule chancellerie du Grand Prieuré de St. Jean (& ce qui à quelques égards peut être plus particulierement intéressant à réfléchir) c'est que cet écrit qu'on distribue dans tout l'Empire, rappelle des époques où le vœu collectif des Princes & Etats a été réuni sur un objet, c'est qu'il rappelle ces époques dans une circonstance où il est question de faire revivre des droits bien anciens, & que si on auguroit avec la même confiance & avec le même avantage, de tous les paragraphes articulés dans la capitulation impériale, il pourroit y avoir des propriétaires très confirmés dans leurs possessions qui se trouveroient exposés à beaucoup de réclamations.

C'est sur ce point surtout qu'on croiroit que la prévoyance politique qui porte principalement sur le calcul des possibilités, ne sauroit être trop attentive à surveiller celles qui peuvent être d'une conséquence si intéressante.

RELATION.

De l'affaire de Kynburn publiée à Pétersbourg.

Le 30 Octobre 1787.

Le 26 de ce mois, la cour reçut, de la part du Feld-Maréchal-Général Prince Potemkin, *Commandant en chef de l'armée de* Catharinoslaw, *des avis datés d'*ElisabethGorod, *le 19 Octobre, portant que l'ennemi, au nombre de plus de 5 mille hommes de ses meilleures troupes, avoit fait une attaque imprévue contre* Kynburn, *mais qui lui avoit extrêmement mal réussi. Le 11 Octobre, les vaisseaux ennemis, s'étant approchés de la forteresse de* Kynburn *la canonerent très-vivement & y jetterent des Bombes jusques fort avant dans la nuit. Le 12 à la pointe du jour, ils reprirent la canonade, qui fut encore plus violente que le jour précédent; de sorte qu'elle endommagea les maisons dans la place, les ouvrages de terre, dont elle est revêtue, les tentes du camp, & qu'elle blessa quelques soldats. A 9 heures il se montra dans le* Liman, *à une distance de 12* werstes *de Kinburn, 5 navires, montés de Sapor viens armés & transfuges, qui avoient passé du côté de l'ennemi: Ils se donnerent toutes les peines possibles pour mettre pied à terre; mais ils furent repoussés avec perte. Le même matin on apperçut sur la langue de terre près de Kynburn un grand* *nombre de Turcs, lequel s'augmentoit à chaque moment par l'arrivée de nouveaux bâtimens, qui venoient joindre continuellement les autres. Ils se couvrirent avec la grande célérité possible d'Ouvrages de terre, pour s'approcher de la forteresse. Le Général de* Suwarow *posté à un werste de la place, se détermina alors à attaquer les Turcs: Sa premiere ligne étoit formé par les régimens d'*Orel *& de Schlüsselbourg; la seconde par celui de Kostow & par deux Escadrons de Cavalerie-légere. Les trois Régimens du* Don *furent commandés pour couvrir les flancs. Le Genéral-Major de* Reck, *qui conduisoit la premiere ligne, attaqua l'ennemi avec beaucoup d'intrépidité; &, après une défense des plus opiniâtres, il l'obligea à se retirer dans ses retranchemens. La seconde ligne l'ayant joint ensuite avec promptitude, & étant entrée d'abord en action, le Général-Major* de Reck *parvint à faire abandonner aux Turcs les dix logemens qu'ils avoient formés: Cependant, comme dans cet instant même, il reçut une blessure dangereuse au pied, & que les seconds Majors* Bulgakow, Murzel, & Mamkin, *qui commandoient sous lui, furent le premier tué d'un coup de feu, les deux autres blessés; que dans le même tems la flotte ennemie, s'étant approchée du rivage, fit un feu continuel de bombes, de boulets & de Grenades, nos troupes ne purent soutenir plus longtems les forces toujours croissantes de l'ennemi; & elles se virent contraintes à se retirer: Mais l'exemple de bravoure, que leur donna le Général de* Suwarow, *qui combattoit dans les premiers rangs, inspira un nouveau courage à* *ſes gens, au moment même qu'ils ſe retiroient: Le front fut formé une ſeconde fois: l'attaque ſe reprit; & l'Ennemi fut chaſſé encore une fois de quelques-uns de ſes logemens.*

Tandis que ceci ſe paſſoit ſur la Preſqu'Isle, la galere Deſna avoit obligé quelques-uns des bâtimens, à la ligne gauche de la flotte ennemie, d'abandonner leur poſte: & le feu de l'artillerie de la place avoit coulé bas deux chaloupes-canonnieres de l'ennemi; comme auſſi l'artillerie de campagne endommagea deux gros chebecs, qui étoient venus mouiller près de terre, au point que l'un, preſque totalement détruit, coula à fond, & que l'autre fut brûlé. Comme, en attendant, l'ennemi recevoit continuellement de nouveaux renforts, & que l'artillerie de ſa flotte par un feu des plus vifs, cauſoit beaucoup de ravages, nos troupes durent ſe retirer encore une ſeconde fois. Le Général de Suwarow *reçut, par une Grenade, une légere bleſſure au côté gauche. L'infanterie fit ſa retraite dans le meilleur ordre & gagna la fortereſſe: Elle fut relevée ſur le champ de bataille par un bataillon du régiment de* Murom, *par deux compagnies du Régiment de* Schlüſſelbourg, *& par une de celui d'O*rel, *avec une brigade de Cavalerie légere. Le Général de* Suwarow *recommença alors l'action une troiſieme fois: L'infanterie, ſoutenue par la cavalerie-legere & par les régimens des Coſaques, tomba courageuſement ſur l'ennemi: Alors les Turcs ne purent plus ſe maintenir dans leurs quinze Retranchemens: ils en furent totalement chaſſés avec une perte conſidérable: Ceux qui ne purent ſe ſauver, ſe jetterent dans l'eau, où ils* *flotterent misérablement jusqu'au lendemain matin. Encore avant la fin du combat, le Général de* Suwarow *reçut une seconde blessure, une balle de fusil lui ayant percé le bras gauche.*

C'est ainsi que nous avons remporté une victoire complette sur l'ennemi. Le champ-de-Bataille n'étoit pas moins couvert de ses morts, que les eaux, dont cette presqu'Isle est environnée de tous côtés: Sa perte consiste dans toutes les forces qu'il avoit mises à terre, excepté seulement environ 500 hommes, qui se sont sauvés à la nage. De notre côté, nous avons perperdu le second-Major Bulgakow, *le Second Lieutenant* Jurewisky, *avec 136 hommes, y compris les blessés morts de leurs blessures. Les autres blessés sont le Général-Major de* Suwarow, *le Général-Major de* Reck, *le premier Major* Wilimson, *les seconds-Majors* Mamkin & Murzel, *14 autres Officiers supérieurs, & 250 Soldats. Le Général-Major de* Suwarow *rend aux troupes la justice due à leur bravoure: Il se loue sur-tout du Général-Major de* Reck *qui a courageusement conduit la premiere ligne au feu, jusqu'à ce qu'il fût mis hors de combat par sa grieve blessure. Ceux qui se sont aussi distingués particulierement sont le Lieutenant-Colonel* Fedor Markow, *les seconds-Majors* Murzel & Mamkin, *le Capitaine de* Schuchanow; *le Capitaine* Kalantajew, *le Capitaine de Cavalerie* Nelubow, *le Capitaine* Packomow; *les Lieutenans* Zidulski, Arsenjew, Jakobinski; *les Enseignes* Kluschkouw & Fedorow; *les Cornettes* Radinow, Andrei, & Gregori Spesiwzow; *l'Aide-de-Camp-*

Général de M. de Suwarow, Chaſtatow; *& le Premier-Auditeur* Manejew, *qui eſt auſſi du nombre des bleſſés: de plus des Caſaques du Doen, le Colonel* Orlow, *le Lieutenant-Colonel* Iſajew, *le premier-Major* Sytſchow *&c. Le Général de* Suwarow *donne également de grands éloges à l'intrépidité éclatante de plusieurs ſoldats, qui ont enlevé des drapeaux ennemis & ſervi d'exemple à leurs camarades. Le Colonel* Dunzelmann, *Commandant de Kinburn, n'a pas cauſé peu de perte à l'ennemi par le feu de ſes batteries; & le Capitaine du corps d'Artillerie* Krupenkow *a coulé à fond deux chaloupes-canonieres. Le Feld-Maréchal Prince* Potemkin *termine ſon rapport, en ajoutant, que le Général de* Suwarow, *malgré les bleſſures qu'il avoit reçues, ne s'eſt point éloigné du champ-de-bataille, & qu'il n'a pas ceſſé un moment d'animer toutes les troupes par ſa conduite intrépide & ſa valeur.*

Observations du 29 Novembre 1787.

L'authenticité de cette relation est précieuse pour l'homme qui cherche sincèrement à motiver le jugement qu'il porte des événemens.

C'est dans les détails mêmes que le Feld-Maréchal Prince de *Potemkin* a fait parvenir à l'Impératrice de Russie sa souveraine, que l'observateur croit trouver la preuve de la justesse avec laquelle il a présumé avantageusement du Général Ottoman & des troupes à ses ordres.

Le 11 octobre „ la flotte turque s'avance „ d'Oczakow & canonne Kymburn pen- „ dant neuf heures. „

Ruiner la veille les ouvrages qu'on se propose d'attaquer de vive force le lendemain, fatiguer par un feu allarmant & continuel les troupes qu'on doit combattre & couvrir les troupes destinées à faire le débarquement; tels étoient bien évidemment les trois objets que la flotte turque avoit à remplir; & on ose croire qu'aucun Général Européen n'eût mieux ordonné.

Le 12 „ le feu de la flotte recommence à „ la pointe du jour, & avec plus de viva- „ cité; les bâtimens s'approchent encore „ plus près de la place, & les boulets por- „ tent jusqu'au camp des Russes. „

Continuation de l'exécution d'un ordre bien donné, & de la part de toutes les troupes de marine, nouvelle preuve de courage, d'intelligence, & de ponctualité.

Il y auroit fur cette expédition maritime de la flotte Ottomane une remarque intéreffante à faire. Ou la flotte turque eft donc effectivement fupérieure au pavillon ruffe fur la mer noire, ou l'amiral Turc n'a pas craint de porter le fien devant lui; quand on fe fait entendre d'une façon fi bruyante pendant trente-fix heures, c'eft une preuve qu'on n'a pas peur de ceux qui peuvent venir au bruit.

Cette obfervation rapprochée de ce qu'on écrivoit (*) fur les hazards que pouvoit courir l'armée ruffe de la Crimée & de la nouvelle Servie, fi l'arrivée du Capitan Pacha donnoit au pavillon turc une fupériorité décidée dans la mer noire, ajoute d'autant plus à la poffibilité des événemens, que le Capitan peut encore arriver, & qu'il paroîtroit que cette fupériorité exifte déjà, même indépendamment de fon retour d'Egypte.

Si la flotte Ruffe s'étoit jugée en état d'appareiller & de combattre, pourquoi ne l'a-t-elle pas fait?

„ A neuf heures (le 12) on apperçoit
„ dans le Liman cinq navires chargés de
„ Zaporaviens transfuges. „

Ces peuplades de Cofaques connus anciennement par leur valeur, leur indifpline, & leur oppofition aux tartares Nogais, ont cependant en grande partie des habi-

(*) Second volume, page 14 & 15.

tudes avec ces derniers par l'uniformité de mœurs & de croyance : depuis l'émigration d'une partie des Tartares après l'invasion de la Péninsule, ces habitudes se sont resserrées entre ces deux peuples dans les parties limitrophes du Cuban & du Niester où ont principalement reflué les émigrans Tartares, en attendant une époque favorable pour se réunir. (*) Ils ont avec eux certainement des missionnaires & il ne seroit pas impossible que la défection de ces Cosaques ne fût le fruit du travail & des promesses de ces mêmes missionnaires. Il y auroit peut-être d'autant plus de facilité à persuader ces Zaporaviens que depuis que leurs Hettmans ou chefs ont été appellés à la cour, l'ordre & la discipline auxquels on les a assujettis, a dû nécessairement faire beaucoup de mécontens dans une nation naturellement volontaire & vagabonde. La cour de Pétersbourg s'est assurée des chefs en les fixant dans la capitale, par des grâces & des faveurs telles que celles dont a été comblé sous la feue Impératrice le comte de *Rosamowski*, le principal de ces Hettmans, mais cet éloignement peut & doit peut-être leur avoir fait perdre beaucoup de leur crédit personnel dans leur nation. (**)

(*) Second volume, page 15.

(**) Celui qui fait cette remarque a beaucoup connu un général d'*Orlick* au service de France, fils d'un de

On ignore jusqu'où on peut avoir tiré parti des dispositions morales de ces Zaporaviens, mais soit que le ministere Turc ait préparé la défection, soit qu'il en ait profité, il en résulte toujours qu'il ne néglige aucun des moyens qui peuvent concourir aux succès qu'il a en vue.

Quoi qu'il en soit, ces Zaporaviens ont tenté infructueusement la descente. Mais ils étoient bien menés puisqu'ils n'ont cédé qu'à la force.

„ Pendant ces diversions, la descente „ s'effectuoit sur la langue de terre, & le „ nombre des Turcs débarqués s'augmen„ toit continuellement par l'arrivée de „ nouveaux bâtimens de transport. „

Cette descente couverte par une marine placée entre la ville & le débarquement, est trop dans l'ordre des bonnes dispositions militaires, pour qu'on n'applaudisse pas à l'officier intelligent, tel qu'il soit, qui l'a ordonnée & dirigée.

„ Les Turcs se couvrent de retranche„ mens à mesure qu'ils débarquent, & ils „ le font avec la plus grande vivacité. „

Faire bien & le faire vite; on croit que c'est faire à la guerre ce qu'il y a de mieux. L'ordre, l'intelligence & le courage ne vont pas plus loin.

---

ces Hettmans, & qui avoit servi lui-même avec ces Cosaques sous son pere. Il faut être avec eux & vivre comme eux, disoit-il; l'exemple & la persuasion leur conviennent mieux que la discipline: Il faut faire comme eux pour qu'ils fassent comme vous. Ce comte d'*Orlick* étoit un homme brave, simple & sensé.

„ Les turcs ſont attaqués par de très „ braves gens, commandés par un général „ capable & valeureux: Ils ſont chargés „ avec intrépidité, & après une réſiſtance „ opiniâtre, ils ſe retirent derriere leurs „ retranchemens. „

Ils avoient donc au moment du combat les retranchemens derriere eux, ou ſur leur flanc : ils s'étoient donc formés en avant, Que pouvoit-il y avoir de mieux à faire ?

Prévoyance, ordre, reſſources & courage: que laiſſe une diſpoſition & une manœuvre ſi bien entendue à déſirer ?

„ Les Turcs ſe défendent dans cette ſe„ conde poſition. Leur flotte s'approche „ encore du rivage pour les ſoutenir, re„ double ſon feu contre la ville & les trou„ pes ennemies. Le brave Général ruſſe eſt „ bleſſé, & les troupes qu'il a menées ſont „ forcées de ſe replier. „

„ Une ſeconde ligne rafraichit la pre„ miere, le général ruſſe parvient à réformer „ ſon front d'attaque, & à force de vigueur „ il déloge les Turcs d'une partie de leurs „ retranchemens. „

Si la valeur & la fermeté des Ruſſes n'étoit pas auſſi généralement reconnue, ce trait ſeul en feroit l'éloge ; il conſacre la gloire des deux officiers-Généraux qui y ont ſi noblement donné preuve de la plus grande capacité comme de la plus éclatante valeur, mais il n'eſt queſtion pour l'obſervateur que du jugement à porter ſur la conduite militaire des Turcs dans la guerre présente.

Il croit que les Russes sont & seront ce qu'ils ont été. Leur façon d'être est décidée. Mais il a cru & croit que les Turcs sont & seront tous autres cette guerre-ci que ce qu'ils ont été la derniere, & c'est pour se juger lui-même qu'il les juge sur les faits.

Les Russes les forcent donc d'abandonner quelques-uns de leurs retranchemens, Mais ils se maintiennent dans les autres pour forcer les Russes à se replier une seconde fois.

Cette façon de combattre & de reprendre surtout, pour aller à son objet, malgré l'obstacle & la résistance, considérée, soit du côté de la tête qui dirige, soit du côté des bras qui exécutent, fait également honneur & à la présence d'esprit du chef, & au courage des troupes.

„ L'Infanterie Russe, brave, bien ordon-
„ née & bien commandée est forcée de se
„ retirer jusques dans sa forteresse, & elle
„ le fait en bon ordre. „

Mais enfin, elle se retire.

„ Le corps Russe est remplacé par des
„ troupes fraiches, les Turcs cédent; ils
„ sont obligés d'abandonner tous leurs re-
„ tranchemens : un grand nombre est tué;
„ une partie se noie ; 500 hommes se
„ sauvent à la nage. „

C'est toujours (ainsi qu'on l'avoit espéré *) autant de sauvé sur ce corps de

(*) Second volume, page 47.

4 à 5000 hommes que la lettre officielle avoit tués à un seul près.

On écrivoit le 20 de ce Mois sur les relations informes de la même affaire du 12 du passé. „ Qu'on ne présumoit pas que le Gé-
„ ral qui avoit ordonné cette troisieme atta-
„ que, fût homme à s'en désister qu'on en au-
„ guroit une quatrieme tentative, & qu'on
„ la croioit déjà faite, au moment même
„ qu'on l'écrivoit. Si on avoit eû à cette époque sous les yeux la rélation authentique des détails envoyés par le Feld-Maréchal Prince de *Potemkin*, non seulement on l'auroit crû & dit, mais on l'auroit parié.

S'il est vrai, comme le marquent presque tous les papiers publics & beaucoup de lettres particulieres que, cette forteresse de Kynburn, après avoir été attaquée dès le lendemain & le surlendemain de la victoire du 12, avoit été enfin emportée après un assaut de neuf heures; quelle opinion se former de la constance du chef & de la viguenr des troupes ?

On ne doute pas après les actes de valeur que les Russes ont donnés dans tous les tems, & particulierement même, par ce qu'ils viennent de faire dans cette circonstance-ci, que ces valeureuses troupes ne fassent tout ce qu'on peut attendre des plus braves pour réparer cette perte, par de grands succès dans la guere de campagne qui va s'ouvrir, mais à en juger par ce début des opérations, les Russes auront vraisemblablement dans le cours de cette guerre une gloire un peu plus difficile à acquérir que celle de la derniere.

Qu'ils obſervent ſurtout la choſe la moins brillante, & peut être la plus digne de remarque pour l'homme attentif, dans l'expédition de Kynburn. (L'élévation des retranchemens par les Turcs, à meſure qu'ils débarquoient.) Le Soldat accoutumé à remuer la terre & qui la remue vite eſt d'autant plus dangereux. (ſurtout ſi c'eſt une nation indiſciplinée qu'on a pû former à ce travail) que la forme des excavations & des élévations de terre s'exécute, telle qu'elle eſt dans la tête de l'homme de génie qui en a conçu le plan, & que cette forme ſupplée par *la tactique du terrain,* ſi on peut hazarder cette expreſſion, à la *tactique des hommes.*

La figure du retranchement ponctue l'emplacement des troupes, & donne aux commandans particuliers des indications préciſes qui leur tiennent lieu de l'habitude de régularité & d'intelligence ſur leſquelles des troupes mieux exercées ſe réglent dans leur formation, leurs mouvemens & leurs différens déployemens.

Que les gens de guerre jugent cette idée. Le Général éclairé diſpoſe & varie l'emplacement des troupes bien exercées qu'il commande, de façon que les différens corps ſe protégent reſpectivement pour concourir au ſuccès. Une armée bien en bataille, eſt une eſpece de fortereſſe mobile; le vrai moyen peut-être de tirer grand parti de troupes moins inſtruites & moins exercées, eſt d'aſſujettir leur mobilité à une forme viſiblement preſcrite. Si cette idée, eſt celle que les Turcs ont adoptée dans la guerre qu'ils vont faire, les Ruſſes feront très bien de prendre garde aux conſéquences. L'homme courageux peut ſe conduire comme s'il ne l'étoit pas, quand il ne ſait pas ce qu'il doit faire; quand on l'a tranquilliſé ſur ſon ignorance, il ſe ſent alors à ſa place & il peut y braver la plus ſure diſcipline; il le peut & le doit peut-être.

On aime quand on a cité *Céſar*, à citer auſſi *Frédéric II.* Ce grand Prince a écrit quelque part: „ Que le ſoldat qui ſeroit ac„ coutumé à ſe courber vers la terre, ſe„ roit celui qui ſe releveroit toujours „ avec le plus de fierté devant l'ennemi. „ Les Turcs viennent de confirmer cette maxime.

Quoique les nouvelles de la réunion des Tartares dans le Cuban, de leurs avantages contre le cordon de troupes Ruſſes dans cette partie, & de leur établiſſement dans l'Iſle de Taman, ſoient encore fort douteuſes; toutes incertaines qu'elles ſont, elles n'en donnent pas moins lieu à des réflexions intéreſſantes ſur les ſuites de l'événement, s'il eſt vrai; & ſur l'importance dont il eſt aux Ruſſes de le prévenir s'il ne l'eſt pas.

On a écrit que lors de la priſe de poſſeſſion de la Crimée par les Ruſſes, une partie

conſidérable

considérable de Tartares mécontens du nouveau Gouvernement, avoit émigré partie en Bessarabie, & partie dans le Cuban. Cela est sûr.

On a écrit que ces Hordes émigrées avoient auprès d'elles plusieurs officiers étrangers dont les connoissances & les talens pouvoient dans des circonstances favorables, faire servir ces mêmes Tartares au recouvrement de la Crimée, cela est encore sûr, & il y a près de trois ans que cela l'est.

On conclut de ces deux certitudes que l'attaque des Russes dans cette partie est au moins probable.

D'après les opérations que le Visir a ordonnées sur la partie occidentale de la Crimée, il y a lieu de présumer qu'il n'aura pas négligé d'en prescrire de correspondantes dans la partie orientale de cette Péninsule, il veut la recouvrer & il ne peut mieux remplir son objet qu'en coupant la communication des troupes qui la défendent avec celles de leur nation qui s'avanceroient par le Nieper & par le Don pour les soutenir.

La prise de Kynburn lui est nécessaire pour le premier, & l'isle de Taman indispensable pour le second.

Il est plus que vraisemblable que dès le moment même que le Divan a pris la résolution de déclarer la guerre à la Russie, les ordres auront été envoyés des deux côtés à ceux qui n'étoient là que pour les attendre & pour préparer en attendant les moyens de les exécuter.

Les notions certaines que donne la relation authentique du Feld-Maréchal de *Potemkin* de la valeur opiniâtre avec laquelle on combat, & des moyens qu'on prend à la gauche pour tâcher d'aſſurer les opérations, ſont d'un grand préjugé pour la conformité de ce qui peut ſe paſſer à la droite.

Il n'y auroit que la ſupériorité du Pavillon ruſſe dans la mer noire qui pût en impoſer ſur ces deux points aux Turcs, & on augure que, puisqu'il n'a point paru pendant la longue canonade citée dans la relation du Prince *Potemkin*, il faut qu'il ſoit ou qu'il ſe juge hors d'état de tenir la mer au pair avec la marine ottomane.

C'eſt ſur cette opinion de l'infériorité de la flotte ruſſe qu'on ne croit pas que le Prince de *Potemkin*, même en conſervant Kynburn, pût faire le ſiege d'Oczakow; à bien plus forte raiſon, ſi cette fortereſſe a été réellement enlevée par les Turcs.

On a vu (*) quelles pourroient être les conſéquences de cet événement, & l'influence que cette priſe auroit ſur les opérations du Bog & du Nieſter.

(*) Second volume, pages 75, 76, 77, 78, 79, 80, 90, 97.

On a remarqué que ſi les Tartares émigrés en Beſſarabie ſe réuniſſoient aſſez en forces pour ſe porter juſques ſur Précop à la faveur d'une eſcadre Turque qui les ſoutiendroit dans le Degnitz, l'évacuation de la Peninſule, pourroit devenir d'une néceſſité indiſpenſable ; & on peut ſe convaincre, ſi les Tartares bien commandés, avec des retranchemens convenables, occupoient effectivement l'isle de Taman, combien la communication de la Mer noire avec celle d'Azoph ſeroit hazardeuſe.

C'eſt en fixant ſes obſervations ſur cette perſpective d'un ſuccès encore incertain à la vérité, mais poſſible, qu'on avoit auguré que les corps Ruſſes chargés de la défenſe de la Peninſule pouvoient s'y trouver réduits à une défenſive très difficile, & même à quelque choſe de pis.

EXTRAIT

Des résolutions des Seigneurs Etats de Hollande & de Westfrise, prises à l'assemblée de L. N. & G. P. vendredi 16 Novembre.

„ MM. les députés de la ville de Hoorn ont proposé à l'assemblée: qu'entr'autres résolutions de L. N. & G. P., qui ont été prises pendant les malheureux tems de combustion & de division, dans lesquels cette province s'est trouvée, principalement pendant les dernieres années, est aussi la résolution en date du 18 Août 1784 relative à Mgr le duc *Louis de Brunswick*, Feld-Maréchal au service de cet état: Qu'eux MM. les députés considéroient principalement cette résolution comme une suite desdits malheureux tems de mesintelligence & de division; & que par-là ils pensent que ces outrages & ces torts ayant non seulement été commis, contre la personne du susdit seigneur duc & l'illustre maison de *Brunswick*, mais aussi indirectement contre S. A. S. même, devroient être effacés & réparés; que par cette raison ils devoient donner en considération s'il ne conviendroit pas que la dite résolution du 18 août 1784, fût retirée & mise hors de tout effet, avec déclaration que L. N. & G. P. se ressouvenant continuellement des services rendus au pays, en diverses occasions, par le susdit seigneur duc de *Brunswick*, le verront avec beaucoup de contentement, en conséquence, délivré du blâme porté par ladite résolution, sur sa personne & son illustre maison; & qu'il soit aussi ôté tout ce qui en pourroit résulter de désavantageux pour S. A. S. Sur quoi ayant été délibéré & copie ayant été demandée de la susdite proposition par MM. les députés des villes de *Dordrecht*, *Harlem*, *Leide*, *Amsterdam*, *Gouda*, *Rotterdam*, *Schiedam*, *Alkmaar*, *Munikendam* & *Purmerende*, pour apprendre à cet égard l'intention des seigneurs leurs principaux, la résolution finale en a été remise, jusques à délibération ultérieure. „

OBSERVATION

Sur la propoſition de la ville de Hoorn.

Du 2 Décembre 1787.

Il eſt dans tous les ordres de la République, une claſſe d'hommes, qui depuis le commencement des troubles, s'eſt également défendue de toute effervefcence ſoit *Ariſtocratique*, ſoit *Démocratique*. Ces Républicains impartiaux, aſſez ſages pour jouir de leur bonheur individuel dans le ſein d'un Gouvernement libre, n'ont jamais aſpiré à l'honneur toujours dangereux d'étendre ou de reſtraindre les bornes de l'autorité conſtitutionelle. Ils ont reſpecté la loi, ſans vouloir en être les interpretes. Ces citoyens honnêtes & modérés ont également condamné dans le fond de leurs cœurs la fougue impétueuſe avec laquelle ils ont vu les deux partis chercher reſpectivement à faire prévaloir leur opinion. Convaincus que la vraie ſource la ſource vraiment originaire de la proſpérité publique & du bien-être individuel qui en découle, a été avant tout dans l'union, ils n'ont jamais ceſſé de voir la diſſenſion inteſtine dont l'Etat ſe déchiroit, comme la ſource prochaine des plus grands maux poſſibles. Dans cette conviction allarmante, tous leurs vœux ont tendu à une conciliation quelconque entre les Partis opposés, dans l'espoir qu'on parviendroit par ce rapprochement à effectuer le retour sincere de la concorde, ce lien si essentiel, si nécessaire de toute association fédérale. Cette classe d'hommes modérés qui ne s'est livrée ni aux prestiges de l'ambition personelle, ni à ceux de la faveur, a été allarmée dès le premier instant qu'elle a vu, à la nature des moyens dont les deux Partis ont cherché à s'étayer en s'opposant mutuellement des bras armés, que l'intérêt originaire de la querelle changeroit à la fin par celui que les Puissances voisines y prendroient, soit à titre de *protection*, soit à titre de *précaution*, soit à titre de *prétention*.

A l'approche du corps d'armée prussienne qui a confirmé la justesse des craintes conçues sur l'interposition étrangere, lorsque le parti nommé *patriotique* souhaitoit si ardemment d'être soutenu par un corps d'armée françoise, ces citoyens qui pour être modérés n'en tenoient pas moins, mais tenoient plus raisonnablement peut-être à la Patrie, ont regardé comme un moindre mal pour elle (*) que les circonstances ayent empêché la France de tenir ses engagemens. Ils prévoyoient que le résultat, (si cette puissance les avoit rem-

(*) Premier volume, pages 35, 36.

plis) auroit entrainé les plus grands maux, même dans la ſuppoſition qu'elle eût ſervi avec ſuccès le vœu de la partie la plus eſſentiellement conſtitutive de la nation ; aucune eſpece de bien ne pouvant jamais compaſſer le danger que courroient les Provinces républicaines, dès qu'elles feroient le théâtre de la guerre entre deux Puiſſances du premier ordre.

A la rapidité des ſuccès de l'expédition de M. le duc régnant de *Brunſwick* ; à la confiance qu'inſpiroit le nom glorieux du Général & la diſcipline des troupes à ſes ordres ; à celle que ces citoyens juſtes & non prévenus devoient mettre dans la bienfaiſance naturelle de Mgr le Prince Stadhouder ; en penſant de plus que cette même qualité perſonnelle feroit encore déterminée par le grand intérêt qu'auroit ce Prince à être bienfaiſant, & plus particulierement encore, à la confiance entiere qu'ils avoient dans le cœur généreux & dans l'eſprit éclairé de S. A, R. Madame la Princeſſe de Naſſau, tous les loyaux républicains ſe ſont flattés que l'indulgence immoleroit le reſſentiment, que ceux qui s'étoient le plus opiniâtrement refuſé à ce qu'ils appelloient le joug de l'autorité ſtadhoudérienne, voleroient librement au devant de celui que leur impoſeroit la reconnoiſſance, & qu'enfin, aux termes précis des déclarations des cours de Londres & de Berlin, la réintégration parfaite du Stathoudérat dans tous les droits qui lui avoient été décernés par les ſanctions de 1747 & de 1766, étoit l'objet unique du déployement ſi efficace de la protection de ces deux cours.

Il ne falloit pas moins que la perſpective de ces biens à venir, pour adoucir toute l'amertume du remede préſent.

La ruine d'une grande quantité de familles riches dans preſque toutes les cités, l'émigration de pluſieurs autres, l'exportation d'un numéraire très-conſidérable dans des banques étrangeres, ou dans l'acquiſition de fonds étrangers, la ſpoliation, les déſordres & les violences de toute eſpece auxquelles la rigueur des ordres & la ſévérité de la diſcipline militaire n'ont pû mettre qu'un frein inſuffiſant; enfin l'extenſion indiſpenſable des contributions, d'autant plus onéreuſe dans ces conjonctures difficiles, par l'éloignement d'un grand nombre des contribuables, & par la ſouſtraction d'une grande partie des moyens réels d'y ſubvenir, étoient autant de plaies douloureuſes dont le ſentiment aigu avoit grand beſoin d'être calmé par l'aſpect conſolant d'une guériſon certaine.

La marche des événemens qui ſe ſont ſuccédés depuis ſix ſemaines, bien loin de répondre à ces eſpérances, eſt un nouveau ſujet d'allarmes pour les ames honnêtes de cette partie certainement la plus ſaine de la République. Qu'on ne s'y méprenne pas, la prudence & la circonſpection dans laquelle ces vrais républicains ſe ſont toujours circonſcrits, n'obſcurciſſent ni leur pénétration, ni leur jugement. Ils ont vu avec peine que la vengeance & l'animoſité avoient déjà eſſentiellement tâché la révolution dont ils étoient diſpoſés à ſe féliciter.

Ils ont vu & voient avec inquiétude, que des moyens violens dont la néceſſité ſeule & le malheur des circonſtances pouvoient juſtifier l'emploi, mais dont l'éloignement ne pouvoit être trop prompt, auſſitôt que l'objet pour lequel ils avoient été appellés feroit rempli, étoient cependant retenus au moins en partie, dans l'intérieur même de la République, comme dans un pays conquis.

Ils obſervent que dans différentes Délibérations d'Etats & de Régences, on a préparé, par les réſolutions qui ont été priſes & portées, ſoit aux Etats de la Province d'Hollande, ſoit aux Etats-Généraux mêmes, des titres vraiment dangereux, par l'uſage inconnu qu'on pourroit ſe propoſer d'en faire, en ſubordonnant le repos, la tranquillité & le bien-être de la République aux conſidérations étrangeres auxquelles on l'auroit liée.

L'idée du ſerment propoſé par la Régence d'Enckhuizen révolte & humilie leur ame libre, ſans fanatiſme.

La propoſition faite par l'ordre équeſtre à la Province d'Hollande & portée aux Etats-Généraux tant pour conſerver un corps de 4000 Pruſſiens que pour en prendre un autre plus considérable sur les 74,000 subsidiaires qu'il est sûr que l'Angleterre a pris à sa solde, va jusqu'à leur paroitre tendre à la sujétion, au moins de fait, si elle n'est pas nominale.

Ils s'apperçoivent avec peine que la même main qui a servi à rétablir l'autorité stathoudérienne, s'ouvre & s'étend occasionnellement sur beaucoup d'autres objets accessoires.

Ils voient que la présence des troupes influe sensiblement sur les délibérations des Régences particulieres, qu'elle en impose aux résolutions des Etats particuliers & qu'elle détermine même les résolutions des Etats-Généraux. Cet esprit de subordination les inquiete.

La démarche de MM. de Hoorn est dans ce genre particulierement allarmante même aux yeux des amis du Gouvernement légalement stathoudérien.

Ce n'est pas que tous les citoyens justes & non prévenus, ne sentent parfaitement bien que la pleine & entiere justification d'un Prince aussi éminent par la haute illustration de sa naissance, & aussi recommandable par ses qualités personnelles, que l'est S. A. S. le duc *Louis de Brunswick Wolfenbuttel*, doit naturellement être prononcée dans l'état actuel des esprits & des choses : C'est un devoir à remplir vis-à-vis des deux cours protectrices de Londres & de Berlin, auxquelles ce Prince est lié, & c'est un acte de déférence indispensable ſurtout pour le chef d'une maiſon ſi diſtinguée entre les ſouveraines, & qui vient de conſommer ſi rapidement la révolution déſirée.

Ce n'eſt donc point le fond même de la propoſition portée à l'aſſemblée des Etats d'Hollande par les députés de la ville de Hoorn qui bleſſe les Républicains impartiaux, mais c'eſt la forme, ou plutôt le défaut de formalité dans la maniere dont cette réparation eſt propoſée, qui la fait envisager plutôt comme un acte de ſoumiſſion exigée, que ſous l'aſpect de juſtice à rendre.

On ſe rappelle que lorſque le parti patriotique avoit le pouvoir dans ſes mains, tel intérêt qu'il vît à écarter M. le duc de *Wolffenbuttel*, & à lui trouver des torts; le même Parti s'étoit aſtreint à ſuivre la marche légale dans l'examen des griefs qu'on mettoit à la charge de ce Prince relativement ſurtout à l'affaire de Breſt. Ces Républicains voudroient que ce fût en reprenant contradictoirement les informations, & en y mettant une forme juridique qu'on operât légalement la juſtification du Prince.

Tel éclat, diſent-ils, que le Duc *Louis* tire de ſa naiſſance, Il eſt Feld-Maréchal de la République; il eſt en cette qualité ſon ſerviteur & à ſes gages, elle eſt ſon Souverain actuel. Il doit donc être rapporté & jugé ſuivant le regime républicain; prononcer d'après une ſimple délibération ſur la propoſition d'une Régence particuliere & y faire droit, en annulant un jugement, injuſte ſans doute, mais revêtu cependant des formes de la légalité, ce ne feroit plus juger, mais obéir & dès que la République eſt ſoumiſe à une autre autorité qu'à celle de la loi, elle ceſſe d'être la *choſe publique*: elle devient la *choſe particuliere* de celui qui commande.

On remarque parfaitement bien que ce n'eſt pas au reſte à la ſeule réſolution priſe dans d'autres circonſtances contre M. le duc de *Brunſwick Wolſſenbuttel*, que doit ſe borner la proſcription des actes émanés ſous l'adminiſtration patriotique. On préſume, & avec quelque raiſon, que la réforme comprendra tout l'intervalle qui s'eſt écoulé depuis le commencement de la guerre d'Amérique juſqu'à l'époque de la préſente révolution. A la tête de la proſcription de tous ces actes, on n'a point douté, & on doute moins que jamais que ne ſe trouve le Traité d'alliance conclu entre la France & la République. Peut-être même, le plus prompt rappel de S. A. S. à la tête des troupes républicaines, entre-t-il pour beaucoup dans la ſorte de précipitation avec laquelle on veut annuller tout ce qui a été fait contre ce Prince.

MM. de Hoorn annoncent que ce n'eſt *qu'entr'autres réſolutions*, ainſi cela promet une ſuite.

Au reſte, ſi les Etats-Généraux croient convenable de mettre quelque formalité dans la diſſolution de leur traité avec la cour de Verſailles, on eſt convaincu d'avance que ces formalités n'entreront pour rien dans un parti déjà pris de reſſerrer plus étroitement que jamais leurs anciens nœuds avec l'Angleterre. Les 8 ou 10,000 ſoldats ſubſidiaires pris ſur les 74,000 qui ont été négociés en Allemagne par le Général *Faucit* leveroient le doute, s'il en reſtoit encore.

On peut ſur ce calcul proportionel établir que lorſque la guerre ſe déclarera entre la France & l'Angleterre, (malgré toute la confiance que doit inſpirer la convention du 27 Octobre,) la République ſera pour un cinquieme au moins dans les forces de terre & de mer de l'armée britannique.

La réſolution priſe le 20 du mois dernier dans l'aſſemblée de LL. HH. PP. paroitroit à l'obſervateur devoir être une préparation, ſi non à une rupture formelle, au moins à la méſintelligence & à des explications peu amicales.

Les Etats-Généraux ont fait paſſer à leur ambaſſadeur à Paris, la copie de tous les papiers & lettres concernant le détachement de canoniers françois qui avoient été envoiés dans les Provinces-Unies. L'ambaſſadeur a ordre de communiquer ces papiers à M. le comte de *Montmorin* & de le faire en telle maniere qu'il jugera à propos, afin qu'ils ſoient portés ſous les yeux de S. M. le Roi de France, & de demander en même tems *par qui & en quelle maniere* les instances pour ce secours avoient été faites, & de faire un rapport exact de la réponse qu'il recevroit.

On observe deux choses dans cet ordre. Un fonds de méfiance, comme si on pouvoit craindre que M. le comte de *Montmorin* ne rendît pas un compte exact au Roi de la demande & de la remise des papiers sur lesquels elle étoit faite; une affectation à vouloir que ces papiers soient mis sous les yeux du Roi, ce qui paroit être une espece de reproche de la clandestinité du secours.

Ces deux indications des dispositions de LL. HH. PP. vis-à-vis du ministre du Roi & du Roi même, sont bien éloignées de l'époque où M. le Marquis de *Verac* & M. de *Rayneval* étoient appellés & présens aux conseils de la Haye.

L'espece d'inquisition exprimée par les deux questions précises que l'ambassadeur est chargé de faire: *Par qui & en quelle maniere*, paroit bien être particuliérement dirigée contre l'ambassadeur extraordinaire de Branzen, mais il seroit encore assez vraisemblable que l'ambassadeur n'ayant agi que par l'ordre des Etats d'Hollande seuls, sans la participation de LL. HH. PP. on ne cherchât à se faire un titre de cette autorisation illégale de la part d'une province donnant des ordres à un ministre de l'état collectif, pour restraindre la souveraineté individuelle des Provinces. & concentrer plus particuliérement le pouvoir dans les Etats-Généraux, ou la majorité, au moyen des Provinces à réglement & de celle de Zélande, est toujours dans la main du Prince stathouder.

La notoriété qu'on a donnée dans les feuilles publiques hollandoises, aux commissions & lettres écrites par M. le Maréchal de *Ségur* & M. le comte d'*Esterazy*, telles qu'elles ont été trouvées en original sur les officiers d'Artillerie qu'elles concernoient, & telles que le depôt en a été fait au greffe de LL. HH. PP. entre les mains de M. *Fagel*, est une nouvelle marque des dispositions actuelles de la République, soit que ce procédé soit de son propre choix, soit qu'il soit dicté par l'impulsion. Elles ne paroissent pas devoir laisser subsister de doute sur les résultats qu'il y a à en attendre.

La déclaration de L. N. & G. P. les Etats de Hollande & de Westfrise en date du 16 Novembre, a justifié (*) l'horoscope qu'on avoit tiré des suites aggravantes qu'auroit le triomphe de la cause stathoudérienne.

Cette piece sera plus d'une fois essentielle à observer.

„ L. N. & G. P. ont trouvé bon de dé-
„ clarer nul & de nulle valeur, l'acte de
„ *conféderation*, fait & signé à Amsterdam,
„ le 8 août 1787, par un nombre de 75 Ré-

(*) Premier volume, page 174.

„ gens

„ gens de ces provinces, lesquels par le „ susdit acte s'obligerent mutuellement de „ soutenir le sistême de ceux qui ont formé les adresses mentionnées dans la lettre du Président & des Conseillers de la „ cour de justice, écrite à L. N. & G. P. „ à la Haye, le 25 du mois passé; & de se „ soutenir & défendre au besoin, les uns „ & les autres, au prix de leur sang & de „ leurs biens, si quelqu'un d'eux étoit attaqué ou molesté pour cause de cet engagement, ou d'actions qui pourroient „ en résulter. „

„ L. N. & G. P. ont en outre résolu: „ 1*mo*. Qu'une recherche exacte sera faite „ à l'égard de ceux qui ont projetté & „ dressé le susdit acte de *confédération*; & „ que lorsque l'on trouvera que pour cette „ cause il faudra entamer quelques procédures, elles devront se faire devant les „ juges compétens des personnes qui y „ seront concernées. „

„ 2*do*. Que tous les membres des nobles „ & régens des villes, ainsi que leurs ministres actuellement en place, seront obligés d'abord, & ceux qui seront nommés dans la suite, lors de leur établissement, comme membres des nobles, régens ou ministres, ainsi que ceux qui „ n'étant ni régens ni ministres ont néanmoins session à l'assemblée de L. N. & G. „ P., lorsqu'ils s'y présenteront pour la „ premiere fois, de faire serment, conformément au contenu d'une partie du XIV

„ Art. de l'inſtruction du Conſeil-comité & „ du III Art. de l'inſtruction du conſeiller- „ penſionnaire, qu'ils promettent d'aider „ à conſerver & maintenir la ſouveraine- „ té des états & leur forme actuelle de „ Gouvernement, ainſi qu'en particulier, „ la réſolution de L. N. & G. P. à l'égard „ de la charge de Stathouder, Capitaine „ & Amiral-Général héréditaire, priſe le „ 16 nov. 1747. „

„ 3*tio*. Que les régens actuels déclare- „ ront, n'avoir eu directement ni indirec- „ tement aucune part à l'acte de *confédéra-* „ *tion*, fait à Amſterdam, le 8 août 1787, „ par pluſieurs des ſoi-diſant régens pa- „ triotiques, ou qu'ils ſe reſilient & ſe „ tiennent déchargés de toute obligation „ contractée à cet égard, en tant que, di- „ rectement ou indirectement ils y ont eu „ quelque part. „

„ Et 4*to*. enfin, comme cet acte de *confé-* „ *dération* concerne toutes les Provinces- „ Unies, il a été trouvé bon, de don- „ ner connoiſſance de cette réſolution, „ par lettres circulaires, à tous les co-con- „ fédérés, afin d'effectuer une réſolution „ de toutes les provinces ſur ce ſujet. „

„ Sur le rapport touchant la réſolution „ du 27 ſeptembre dernier, à l'égard des „ officiers ſuſpendus, les députés de L. H. „ P. & les comités du conſeil d'état ont don- „ né pour avis: Qu'il falloit prier S. A. S. „ de dépoſer tous les officiers, qui ſont „ effectivement entrés ſur le territoire de la

„ province d'Utrecht, ou se sont engagés, „ en signant les quittances connues, d'o- „ béir aux ordres des états de Hollande „ d'entrer aussi sur un autre territoire que „ celui de la derniere province : Laissant à „ S. A. S. le soin de placer de nouveau de la „ façon la plus convenable, soit d'abord ou „ dans la suite, tous ceux d'entr'eux, qui „ étant moins coupables, pourroient être „ employés sans inconvénient; le tout, sauf „ action & telles procédures, que le con- „ seil d'état jugera devoir instituer con- „ tre quelques-uns des principaux chefs.„

„ Les députés des Provinces de Gueldre „ & de Frise se sont conformés à cet avis „ pour ce qui regarde la démission desdits „ officiers, & les procédures contre quel- „ ques-uns d'entr'eux : & ont insisté que „ cela fût effectué au plutôt, afin de pré- „ venir la confusion & les désordres qui „ ont lieu dans la milice. Les députés des „ autres provinces se sont engagés de s'ex- „ pliquer ultérieurement sur ce sujet dans „ peu de jours. „

CONVENTION

Du 27 Octobre 1787.

Dans les obſervations qu'on faiſoit le 12 du mois dernier ſur les ſuites poſſibles de la convention du 27 Octobre entre les cours de France & d'Angleterre, on articuloit: *Que cette convention, telle conciliante qu'elle fût, ne pouvoit être que préparatoire à d'autres arrangemens ſubſéquens, dont chacun pouvoit aſſez intéreſſer la nation rivale, pour donner des armes à l'oppoſition & lui fournir les moyens d'embarraſſer le miniſtre & le Roi lui-même dans l'exécution du plan pacifique qui paroiſſoit avoir été adopté par les deux cours.*

L'état actuel où ſont les choſes, invite d'autant plus l'obſervateur à revenir ſur cette réflexion, que le prognoſtic qu'on en avoit tiré à Londres dans une lettre du 6 de Nov. (*) paroit être au moment de ſe vérifier. Soit que les *moyens d'uſage* dont il étoit queſtion dans cette même lettre ayent été inſuffiſans, ſoit que l'oppoſition ait trouvé des facilités à ſe concilier des partiſans; le miniſtre a cru être dans le cas de prendre des meſures proviſoires pour acquitter une partie des dettes que les derniers armemens ont obligé le Gou-

(*) Second volume, page 15.

nement de contracter. La banque a facilité ses vues, en lui offrant sans intérêt tous les capitaux non réclamés dans son fonds capital, & au moyen de cette opération de finance qui mettra à peu près de niveau la recette & la dépense de l'année courante, Monsieur *Pitt* espere éviter les clameurs parlementaires sur cet objet de dépense assez considérable pour que la nation s'en fût promis des avantages ultérieurs à ceux qu'on lui fera envisager dans la réintégration du stathoudérat & dans le renouvellement de l'alliance avec la Hollande qui en sera la suite.

Mais ce fonds est insuffisant pour acquitter les engagemens pris par Sir *William Faucit* pour les corps de troupes subsidiaires qu'il a négociées en Allemagne, & dont le total n'est pas moindre de 74,000 hommes, à ce qu'on assure à Londres.

La cour n'est pas, dit-on, tranquille sur les dispositions dans lesquelles elle trouvera le Parlement relativement à cet article si dispendieux de l'extraordinaire de guerre, en tems de paix. Ces subsidiaires combinés avec l'augmentation des compagnies & la levée des Régimens pour l'Inde, forment un total de 90,000 hommes d'augmentation; c'est à dire 56,000 de plus pour la paix que l'Angleterre n'en a eus à payer pendant la derniere guerre.

On ne voit à défalquer de cette masse de forces, si superflues pour un tems de paix, que les 8 ou 10,000 hommes qui paroiſſent deſtinés par les nouveaux arrangemens, à paſſer à la ſolde de la Hollande.

Quelques ſpéculateurs en comparant ce que font actuellement les deux cours, avec ce dont elles ſont convenues le 27 d'Octobre, ſeroient tentés d'en augurer, que les deux miniſteres ne comptent pas plus l'un que l'autre ſur la permanence de leur convention.

Il eſt cependant vrai que la marine angloiſe a été remiſe ſur le pied de paix, tel qu'il étoit au 1 Janvier de cette année, ſeize navires garde côtes; mais ces navires dans ces momens-ci ne ſont ni des fregattes, ni des Lougres, ni des cutters, mais des vaiſſeaux de 74 pieces de canon parfaitement armés & équippés; & au moyen de cet arrangement, la garde de paix équivaut à une flotte de 16 vaiſſeaux de ligne.

La France a pareillement déſarmé. Les ordres ont été envoyés ſur le champ, & on y a obéi, mais le déſarmement ne peut ſe faire qu'avec lenteur, pour ménager les munitions & les autres proviſions.

D'un autre côté, un noble ſentiment d'émulation excité par l'aſpect de l'état brillant de la marine eſpagnole, détermine le Roi à preſſer la conſtruction de douze nouveaux vaiſſeaux de ligne dont un de 118 pieces de canon, & il faut bien conſerver pour ces conſtructions une partie des charpentiers qui avoient été engagés pour les armemens; on dit que le nombre en est de 7 à 800 dans les ports de Brest, de l'Orient & de Rochefort.

Il est certain qu'il y a eu beaucoup d'époques de guerre allumée, ou on étoit moins armé qu'on ne l'est aujourd'hui en tems de paix.

C'est dans ces circonstances pacifiques qu'un Ambassadeur indien vient de débarquer au port de Brest. Quelle sensation cette nouveauté fera-t-elle sur la cour de Londres? quel intérêt l'Angleterre prendra t-elle, peut-elle prendre, doit-elle prendre à ce témoignage significatif des liaisons & du concert établis ou à établir entre la France & un Prince guerrier, dont les dispositions & les forces l'ont principalement déterminée à la levée des quatre nouveaux régimens destinés à passer dans l'Inde? Quelles seront les explications que le ministere de Londres demandera au ministere françois à ce sujet? qu'elles seront celles que le Parlement demandera lui-même au ministere Britannique?

On ne doute pas que toutes ces observations ne se retrouvent dans la bouche de quelques-uns des membres du Parlement, dès les premieres sessions de sa rentrée, & on ne doute pas non plus qu'elles ne donnent à l'Opposition de nouvelles armes pour attaquer avec quelqu'avantage le ministere sur sa besogne du 27 Octobre.

On peut ſe rappeller que dans le mémoire du 12 Septembre 1786, les mouvemens (*) de l'Inde étoient expoſés comme le troiſieme objet capital des motifs réels qui détermineroient la nation à ſoutenir le vœu perſonel de S. M. B. dans la cauſe ſtathoudérienne, & que les grands intérêts des établiſſemens anglois dans cette région éloignée ne contribueroient pas pour peu aux armemens que cette puiſſance ne manqueroit pas de faire à l'occaſion des troubles de la République. L'arrivée d'un ambaſſadeur de Tippo-Saïd à la cour de France au mois de Novembre 1787, n'eſt aſſurément pas de nature à diminuer des jalouſies qu'on annonçoit comme exiſtantes au mois de Septembre 1786.

La prévoyance qui porte ſur les nouvelles difficultés qui peuvent abréger la durée de la convention du 27 Octobre, eſt d'autant plus motivée, qu'elle croit qu'il eſt preſqu'impoſſible qu'il ne naiſſe de grandes diſcuſſions de la convention même par l'engagement illimité auquel la France paroitroit aſtreinte (au moins ſi on en juge par l'écrit publié à Berlin même depuis cet événement.)

Cette piece rapprochée de la déclaration & contre-déclaration échangées le 27, offre à l'œil attentif un commentaire inquié-

(*) Premier volume, page 5.

tant sur la durée d'un arrangement dans lequel il a toujours paru que les conjonctures avoient bien plus influé que la délibération.

On en jugera sur l'écrit même & sur les réflexions qu'il a fait faire.

De Berlin *le 13 Novembre 1787.*

„ Comme le repos public, conservé & consolidé dans la partie occidentale de l'Europe, par l'union des trois grandes Puissances dont les déclarations & contre-déclarations ont été signées & échangées à Versailles, semble promettre quelque durée permanente, cet heureux événement mérite qu'on détaille succinctement les causes & les motifs qui l'ont produit.„

„ Il est de notoriété, que le Roi de Prusse défunt, aussi bien que le Roi aujourd'hui régnant, avoient employé constamment, mais toujours infructueusement, tous les moyens possibles pour rétablir, d'une maniere quelconque, l'ancienne constitution de la République des Provinces-Unies, ainsi que les droits inhérens & héréditaires à la maison d'Orange-Nassau, qui est si étroitement liée par le sang avec celle de Prusse. aussi bien qu'avec le véritable bien-être de la République de Hollande. Personne n'ignore non plus avec quel succès désagréable Mad. la Princesse d'Orange a tenté, au mois de Juin dernier, de faire un voyage à la Haye, dans la vue de proposer aux parties intéressées un accommodement qui eût pu mettre fin aux troubles qui agitoient la République, & avec combien peu de ménagement elle a été empêchée de continuer sa route, & renvoyée outrageusement par les Etats de Hollande de ce temps-là. Sa Majesté ne pouvant que ressentir vivement cette insulte, faite à son auguste sœur, ne tarda pas à en demander aux dits états une satisfaction publique, proportionnée à cette offense ; &, ne pouvant l'obtenir par aucune voie amiable, elle fit avancer, au mois de Septembre, un corps d'armée sous les ordres de S. A. S. le Duc régnant de *Brunswick* dans la province de Hollande, qui se rendit maitre, en peu de tems, des principales villes de cette province. C'est ce qui a produit la grande révolution par laquelle le Stathoudérat héréditaire à la maison d'Orange, presque anéanti jusques là, a été réintégré & remis sur le pied légitime & constitutionnel des années 1747 & 1766 ; du consentement unanime de la plus grande partie de la nation, qui, affranchie du joug démocratique que lui avoient imposé les soi-disant patriotes, venoit de se livrer en toute liberté à son ancien attachement pour cette illustre maison. Mais, comme cette secousse imprévue, qui fit changer de face à la République, & qui réveilla l'attention des puissances voisines qui s'y intéressoient, faisoit appréhender une guerre prochaine, la cour de Londres fit déclarer hautement qu'elle appuyeroit de tout son pouvoir cette heureuse révolution arrivée dans la République de Hollande, à laquelle les armes de Prusse avoient donné lieu; &, en conséquence, elle fit faire en même tems de grands préparatifs de guerre, tant par terre que par mer. La cour de France, imitant son exemple, fit également armer dans tous les ports; de sorte qu'on avoit tout lieu de craindre de voir éclater une guerre générale des plus ruineuses. Pour la prévenir, la cour de Londres, après s'être assurée préalablement, au mois d'Octobre, des intentions & du consentement de celle de Prusse, fit proposer au cabinet de Versailles, que, s'il étoit d'intention de ne prendre aucune part aux affaires de la République des Provinces-Unies, elle consentoit & désiroit qu'on mît aussi-tôt fin aux grands & coûteux armemens qu'on avoit faits des deux côtés, afin de rétablir la bonne harmonie entre les deux cours. Sur quoi, le cabinet de Versailles ayant agréé la proposition qui venoit de lui être faite par celui de St. James, & S. M. le Roi de Prusse ayant fait connoitre en même tems par ses deux ambassadeurs, MM. le Comte de *Goltz* & le Baron d'*Alvensleben*, que ses désirs étoient en tout conformes à ceux des deux dites cours, les ambaſſadeurs Britanniques, le Duc de *Dorſet* & M. *Eden* d'une part, & le miniſtre d'Etat, Comte de *Montmorin* de l'autre, ont ſigné & échangé, le 27 Octobre dernier, au nom de leurs ſouverains reſpectifs, les triples déclarations mentionnées, qu'on peut enviſager comme un traité de paix définitif conclu entre les trois puiſſances contractantes. „

OBSERVATIONS

Sur l'écrit de Berlin.

Du 29 Novembre 1787.

On retrouve d'abord dans cet écrit de la cour de Berlin, le motif qui a déterminé l'intérêt, que la Prusse a pris & dû prendre à la cause stathoudérienne. Ce motif est le même qui avoit été indiqué (au moins comme l'ostensible) dans le mémoire du 12 Septembre 1786 (*) auquel l'imprévoyance, l'aveugle déférence, & la parcimonie ont attaché si peu d'intérêt.

S'il pouvoit rester quelque doute sur l'attention dont ce mémoire étoit susceptible, & sur les conséquences dont il devoit être pour le parti patriotique de peser les notions qu'on y donnoit sur l'interposition finale de S. M. Prussienne dans la querelle, & surtout les avis qui étoient consignés avec détail dans la lettre du 6 Mai, (**) la déclaration prussienne décide la question.

C'est elle, cette interposition efficace si

(*) Prémier volume, pages 35, 36.
(**) Premier volume page 19.

ſouvent annoncée, *c'eſt elle*, cette armée marchant aux ordres de M. le duc régnant de *Brunſwick* indiquée dans la lettre du 6 Mai, *qui a produit la grande révolution par laquelle le ſtathoudérat héréditaire à la maiſon d'Orange preſqu'anéanti juſques là, a été réintégré.*

En liſant dans la déclaration l'expreſſion de *joug démocratique*, l'obſervateur né dans un pays où l'amour du maitre eſt plus cher que la liberté & que l'indépendance, convaincu d'ailleurs par ce qui vient de ſe paſſer en Hollande, des inconvéniens attachés aux réſolutions & ſur tout aux meſures populaires, n'en ſent pas moins cependant que plus le pouvoir démocratique a d'empire dans une nation, & moins elle eſt près du joug.

L'objet ſur lequel la réflexion ſe fixe le plus ſérieuſement, comme celui qu'il importe le plus de conſidérer relativement aux conſéquences qu'il annonce, c'eſt que la propoſition que les miniſtres anglois ont faite au miniſtere françois, n'a été que ſubſéquente à l'agrément que la cour de Berlin avoit donné à cette démarche, & que cette communication préliminaire prouve l'uniformité des vues établies entre les deux cours; Que ces vues peuvent être ultérieures à la réintégration opérée par les armes pruſſiennes, & enfin qu'aux termes de l'écrit pruſſien, on a fait porter la convention ſur une baſe un peu plus étendue qu'elle n'est exprimée dans les déclarations échangées.

Si la France étoit d'intention de ne prendre aucune part aux affaires de la République des Provinces-Unies.

Dans la contre-déclaration, le Ministre de S. M. T. C. déclare que le Roi son maître *ne conserve* (*) *nulle part aucune vue hostile relativement à ce qui s'est passé en Hollande:* de ces expressions à l'engagement de ne prendre *aucune part aux affaires d'un voisin si intéressant*, il y a une grande différence, & il est difficile de croire qu'on s'est parfaitement entendu & de bonne foi en se servant d'expressions si peu équivalentes.

Du 5 Décembre.

Des lettres de la Haye en date du 27 du mois dernier, paroissent déjà justifier le soupçon que l'observateur a annoncé plus haut sur l'objet principal que pouvoient avoir les deux questions inquisitoriales dont l'ambassadeur de la République à la cour de France avoit été chargé par ses maîtres.

On y lit „ Que les députés de LL. HH.
„ PP. au département des affaires étran-
„ geres, avoient examiné en conséquence
„ & pour satisfaire à leur résolution com-
„ missoriale du 22 Octobre, une lettre de

(*) Second volume, page 40.

„ M. *van der Hop* ministre de l'état à „ Liege contenan tentr'autres : „

„ *Qu'un messager des Etats de Hollande & de Westfrise lui avoit remis une lettre de leurs conseillers comités par laquelle on le chargeoit de requérir le Gouvernement de ce lieu, d'accorder le passage libre aux régimens des Princes de* Waldeck *& de* Hesse-Cassel, *de même que pour la compagnie d'artillerie du Capitaine* Althuizen, *en garnison à Mastricht & qu'il avoit renvoyé avant sept heures à Mastricht le dit messager avec la dite permission pour le passage des troupes.* „

„ Que sur ce rapport de MM. les députés sus-nommés, il y avoit eu une délibération de LL. HH. PP. dans laquelle on avoit réfléchi *qu'il paroissoit extraordinaire qu'un ministre de l'État chez l'étranger, eût fait une pareille démarche à la réquisition d'une province particuliere.* „

„ Arrêté & ordonné en conséquence à M. van der Hop de faire parvenir au plutôt à LL. HH. PP. son avis & sa défense à cet égard. „

Ces lettres ajoutent que les députés de la Province de Hollande ont déclaré ne point concourir à la dite résolution.

On ne croit pas que cette rénitence modérée de L. N. & G. P. empêche la résolution finale qu'on prévoit devoir être prise sur ce sujet important, & rendue constitutionelle par la même influence à laquelle on s'est mis dans le cas de déférer. Plus le pouvoir sera concentré dans

les

les Etats-Généraux, & plus les droits inhérens & héréditaires au ſtathoudérat feront aſſurés & impreſcriptibles ; ils pourroient même paroître encore plus étendus.

Pour remplir d'autant mieux cet objet principalement eſſentiel de la révolution préſente & ajouter un dégré de plus à l'influence ſtathoudérienne, MM. les Etats de Gueldres ont profité de la circonſtance pour préſenter une réquête tendante à être réadmis à avoir un ſecond comité au conſeil d'Etat, comme ils l'avoient eu autrefois avant la malheureuſe époque de 1672.

On n'a pas de peine à croire que S. A. S. le Prince ſtathouder lui-même n'ait fortement appuyé dans la délibération que cette demande a occaſionnée, la juſtice des Réquiſitions d'une province qui lui eſt ſi particuliérement affectionnée, & S. A. S. n'a vu aucun inconvénient à leur donner ſa voix, ſans égard au privilége obtenu cette année 1672 par la Province de Groningue.

Ces germes nouveaux de diſſenſion & de mécontentement feront ſans doute étouffés avant leur développement par la ſupériorité de l'influence actuelle, mais on ſent en même tems, qu'ils ne ſont pas infiniment propres à tranquilliſer parfaitement les Républicains impartiaux & modérés dont tous les vœux tendent à une concorde que tout ce qui ſe paſſe ſous leurs yeux, & ce qu'ils voient ſe préparer ailleurs, eſt bien loin de leur préſager.

GUERRE DES TURCS.

Du 8 Décembre 1787.

Malgré tous les ſimptômes qui annonçoient à la plus grande partie des ſpéculateurs, une conciliation prochaine entre la Ruſſie & la Porte, les réflexions qu'on faiſoit le 20 du mois dernier (*) ſur la nature des difficultés qui devoient s'oppoſer eſſentiellement au ſuccès des négociations, bien loin de s'être affoiblies, paroiſſent au contraire aujourd'hui confirmées par les événemens.

A travers les incertitudes des rapports venus de Vienne & de la Pologne depuis les détails authentiques de la journée du 12 Octobre, on voit cependant qu'il y a eu dès le 13 une nouvelle tentative des Turcs ſur Kinburn; & on croit voir que l'eſcadre Turque qui couvroit cette nouvelle deſcente, ſurpriſe & entamée par l'amiral *Mordinow*, par ſa retraite forcée, avoit obligé les troupes de terre qui preſſoient la place, à ſe déſiſter de leur attaque, ce qui avoit ſauvé cette fortereſſe.

En ſe bornant à ne conſidérer que la date ſeule de cette expédition (le lende-

(*) Second volume pages 98 & 99.

main même de la victoire meurtriere remportée par les Russes, on ne peut s'empêcher de convenir, si on est de bonne foi, qu'un acte si caractérisé de vigueur de la part des Turcs, est bien propre à fixer l'opinion qu'on avoit préjugée de la tête du Général qui les commande, & de leur courageuse résolution dans l'exécution de ses ordres.

Tel qu'ait été le succès, on se croit plus fondé que jamais à conclure que des dispositions si mordantes dans les guerriers des deux nations, sont bien loin de présager ni d'un côté ni de l'autre, le désir & l'espoir d'éteindre si promptement un feu qui s'annonce avec cette violence.

On trouve dans une lettre de Vienne *Que l'amiral* Mordinow *instruit de la position de l'escadre turque l'avoit surprise, lui avoit brûlé un de ses vaisseaux, & enlevé un bâtiment munitionaire.*

On ne peut que hazarder sur cette citation un raisonement conjectural. On conçoit donc que l'escadre turque reprenant le 13 la même position qu'elle avoit eue dans les journées du 11 & du 12, s'étoit atterrée pour soutenir, comme elle avoit fait la veille, l'attaque des troupes de débarquement : Que l'amiral Russe ayant dérobé sa marche à la faveur du cap de Tendre, avoit pu profiter du vent & peut-être de la nuit (si l'attaque de terre s'est prolongée jusqu'au 14, comme on le soupçonne) pour arriver en ligne de combat fur la droite de l'efcadre ottomane, qui effectivement a dû fouffrir (fût-elle fupérieure) pendant que fes vaiffeaux du centre & de la gauche, fe mettoient en ligne de défenfe, & à portée d'affurer le rembarquement, (ce qui devoit, à ce qu'il femble, être leur objet capital.)

Dans cette fuppofition qu'on ne donne que comme vraifemblable, il paroit fort fimple qu'un des vaiffeaux Turcs ait pû être brûlé, & un munitionaire enlevé, mais on croit auffi en pouvoir conclure avec quelque vraifemblance que ce vaiffeau avant de fuccomber au feu fupérieur dont il étoit chauffé, y a tenu affez longtems pour donner au refte de la flotte dont il faifoit partie, celui de s'ordonner convenablement à la circonftance; & on eft fort porté à croire fur cette probabilité, que le brave Turc qui commandoit ce vaiffeau, s'eft courageufement dévoué pour affurer le falut de plus grand nombre; fi cette conjecture fe trouvoit réellement fondée, on en conclueroit encore avec plus de force & de certitude, de l'extrême différence que les Ruffes trouveront dans les difpofitions morales & phyfiques des ennemis qu'ils auront à combattre, quoique les mêmes que ceux qu'ils ont combattus pendant la derniere guerre.

Ce qui détermine particuliérement l'obfervateur à s'attacher à fa conjecture, fur le genre d'attaque qu'il a fuppofé, c'eft que d'après l'obfervation qu'il a faite fur l'inapparition du pavillon Ruſſe pendant la longue canonade du 11 & du 12, il avoit préſumé & préſume encore avec quelque fondement de la part des Ruſſes, une infériorité que leur habile Amiral peut avoir remplacée par l'adreſſe & l'à propos de ſa manœuvre, & cette conduite n'en feroit que plus d'honneur au génie militaire de M. de *Mordinow*.

En remarquant d'ailleurs que dans toutes les relations informes, qui ont été répandues ſur ce nouvel avantage des armes Ruſſes, il n'y en a aucune où il ſoit queſtion du rembarquement, ni de la ſeconde poſition de la marine Ottomane pendant & après la retraite des troupes; on a bien de la peine à ne pas regarder comme une réalité (quoiqu'on ne l'ait donné que comme conjecture) le dévouement généreux du vaiſſeau qui a été la proie des flammes après avoir ſoutenu, peut-être ſeul, l'effort & le feu de toute la ligne ennemie.

Que M. de *Mordinow* après la retraite des Turcs ait bombardé & canoné la ville d'Oczakow, cela eſt très poſſible, ſurtout s'il a eu l'avantage du vent, & que la flotte Ottomane obligée de prendre chaſſe à l'Oueſt, & peut-être au large, ſe ſoit trouvée, (ce qui eſt très vraiſemblable,) hors d'état de s'y oppoſer.

Mais cette bravade uniquement déſaſtreuſe pour quelques-unes des maiſons qui auront été expoſées, n'eſt d'aucune conſéquence pour la place même. Le Général qui a été assez habile pour prendre ses avantages, comme on suppose que l'a fait l'amiral russe en attaquant l'escadre ottomane, n'ignore certainement pas que même en épuisant toutes ses munitions contre Oczakow, il n'auroit pas avancé d'un quart d'heure la reddition de cette place, tant qu'elle ne sera pas assiégée réguliérement par terre. Il est plus que vraisemblable que M. de *Mordinow* a eu pour objet dans cette expédition, bien plus le bruit & l'éclat que la réalité.

Qu'un Général patriotique, tel valeureux qu'il soit, se croie obligé de capituler parceque le feu est dans la place qu'il s'est chargé de défendre; cela est très naturel: les maisons qui brûlent sont des propriétés individuelles, & les individus auxquels elles appartiennent lui donnent la loi: ce n'est pas le guerrier, c'est l'intérêt, qui est le véritable Commandant, le vrai Gouverneur: l'homme de guerre obéit & céde au citoyen allarmé, bien plus qu'à l'ennemi, & c'est en cela, qu'ont le plus essentiellement péché les Patriotes hollandois, quand au lieu de couvrir leur frontiere au moyen d'une armée qui ne leur auroit pas coûté le quart de ce qu'ils ont perdu, ils se sont cazanés économiquement dans des villes qu'ils ne pouvoient pas défendre, ne fût-ce que par cette raison.

Mais qu'un homme de guerre chargé

de la défenſe d'une place importante pût être déterminé à la rendre par des conſidérations & des égards de cette nature, cela ſeroit également contre la foi de ſon ſerment & contre l'honneur de la profeſſion des armes.

Ce n'eſt uniquement & excluſivement à tout autre objet, que ſur l'état de ſes fortifications & d'après l'impoſſibilité de pouvoir plus longtems les défendre & en réparer les dommages, que le Commandant d'une place de guerre, peut ſe juger forcé à céder à la néceſſité. Le feu ſeul des bombes & du canon ne le réduira jamais à cette extrêmité. Une attaque de vive force, une ſurpriſe, ou un ſiége régulier; voilà les ſeuls moyens de s'emparer d'une forteresse. Il eſt à préſumer que la vigilance & le courage d'une nombreuſe garniſon mettent actuellement Oczakow à couvert des deux premiers de ces moyens: Il ne reſte donc aux Ruſſes que d'en faire le ſiége en forme.

On avoit déjà écrit & on l'a encore fait le 20 du mois dernier (*) en ſe réſumant ſur pluſieurs obſervations précédentes dont on appuioit cette opinion, *Qu'on perſiſtoit à croire que les Ruſſes ne pouvoient guere commencer leurs opérations par*

(*) Premier volume, page 174.

le siége d'Oczakow, tels instans que pussent être les ordres de l'impératrice leur souveraine.

On en porte encore aujourd'hui le même jugement, malgré les nouvelles qui assurent que le Feld-Maréchal Prince de *Potemkin* a chargé le Prince *Dolgorucki* de cette expédition, & qui ajoutent même que ce dernier Général avoit déjà passé à la droite du Bog à la tête d'une armée de 40,000 hommes suivis d'un train considérable de grosse artillerie.

On doute qu'un observateur militaire donne facilement confiance à cette nouvelle qui, si elle étoit réellement vraie, lui paroitroit plutôt un acte de témérité & de présomption, qu'une expédition entreprise sur les mesures & les principes qui préparent & assurent les succès à la guerre.

En admettant que le Prince *Dolgorucki* fût effectivement établi à la droite du Bog; cet observateur se demanderoit d'abord ce que sont devenus les Turcs qui avoient été originairement rassemblés à Bender (*) & qui depuis sont remonté le Niester jusques sous Choczim? (**) Il verroit ces mêmes corps maitres de descendre & de passer le fleuve, particulierement à Bender, & à portée, en partant de ce point, d'intéresser assez hazardeusement le flanc droit du Général russe, pour l'obliger, ou à se dé-

(*) Second volume page 73.
(**) Second volume page 93.

fister de son entreprise, on à en suspendre au moins les travaux pour recevoir ou donner bataille entre l'embouchure du Bog dans le Nieper, & celle de ce dernier fleuve dans la mer. Les résultats possibles de cette position l'inquiéteroient pour la retraite du Général russe.

Il se demanderoit ce qu'il pourroit rester de troupes au Prince de *Potemkin* pour couvrir la nouvelle Servie, après le départ de celles qui en auroient été tirées pour être employées au siége d'Oczakow ?

Et il jugeroit ce nombre nécessairement au dessous de la proportion convenable dans le cas d'une invasion subite de cette province, soit par des troupes tirées du camp sous Choczim, soit par celles de l'armée de Bender, soit par une marche combinée des unes & des autres. Il regarderoit une diversion de cette nature comme d'autant plus dangereuse dans ses suites pour l'armée assiégeante, que le succès pourroit en être tel qu'il priveroit le Général assiégeant des facilités de tirer de ses magasins de la gauche du Bog, les subsistances & les munitions qui lui seroient indispensablement nécessaires à la droite de ce fleuve.

Il se demanderoit encore par la même raison, quel pourroit être le nombre de troupes russes qui resteroient employées

---

(*) Second volume page 97.

dans la Crimée, dont il importe cependant si essentiellement que les places soient garnies & les côtes défendues, particuliérement au point de *Balucklawa* si cher & si connu à la marine ottomane?

Et après ce que cette Péninsule auroit fourni à l'armée du Prince *Dolgorucki*, il jugeroit que le nombre de ses défenseurs seroit encore plus au dessous de la proposition convenable que dans la nouvelle Servie.

Il se demanderoit ensuite, quelles seroient les suretés du Prince *Dolgorucki* du côté de la mer contre les renforts de toute espece que les Turcs pourroient faire passer dans la place assiégée, ou contre les moyens quelconques qu'ils pourroient employer pour la dégager?

Et il se feroit surtout cette question avec le plus grand intérêt, s'il est effectivement vrai que le *Capitan-Pacha* soit enfin de retour de son expédition d'Egypte, & à portée d'assurer au pavillon Turc une assez grande supériorité dans la mer noire pour ne pas permettre à celui de Russie de concourir aux opérations de terre des troupes de cette nation, pendant que les escadres ottomanes régleroient tous leurs mouvemens sur les points les plus convenables aux opérations des armées Turques. (*)

(*) Second volume page 14.

Il ſe demanderoit enfin quels ſeroient les points de communication établis entre l'armée aux ordres du Feld-Maréchal comte de *Romanzow* & celle du Prince *Dolgorucki*? Car il faut néceſſairement que les marches, les mouvemens & les emplacemens du premier de ces deux Généraux ſoient réglés & compaſſés de façon à couvrir l'opération capitale dont le ſecond ſeroit chargé.

Il ſe rappelleroit d'avoir lu en date du 29 d'Octobre (*) *Que ſi les Turcs ne ſe laiſſoient point diſtraire de la Crimée, & qu'ils en regardaſſent le recouvrement comme leur objet eſſentiellement capital, toutes les opérations quelconques de leurs ennemis ne feroient rien contre eux tant qu'une armée ſupérieure à la leur ne ſeroit pas établie entre le Bog & le Nieſter &c.*

Bien loin de voir le Feld-Maréchal comte de *Romanzow* dans cette poſition indiquée, il verroit ce Général ne cherchant que ſûreté & ſubſiſtance, s'appuyer à ſa droite du corps autrichien qui eſt en Gallicie, & couvrir de ſa gauche les palatinats dont il eſpere former ſes magaſins; abandondonnant conſéquemment la totalité de l'armée du Feld-Maréchal Prince de *Potemkin* à ſes propres forces.

Il cherchera à ſe tranquilliſer en examinant ſi M. *Romanzow* après avoir réuni tou-

---

(*) Second volume page 10.

tes les troupes destinés à former son armée, ne peut pas se porter du point où il est actuellement sur l'armée de Choczim, & pousser la guerre en Moldavie avec assez de succès & d'avantages pour concourir efficacement par cette opération au succès du siége d'Oczakow ?

Et, sans entrer, comme il lui seroit facile de le faire, dans les détails de l'impossibilité où seroit actuellement ce Général de le faire, par la double insuffisance de troupes & de provisions ; il se convaincroit que le succès même de cette brillante expédition, ne pourroit influer sur la reddition de la place assiégée, qu'autant que les Turcs acculés dans la Bessarabie sur le bas-Pruth & le bas Niester auroient été forcés, comme dans la derniere guerre, de repasser à la droite du Danube.

Il seroit assurément très porté à penser, par tout ce qu'a fait le Feld-maréchal de *Romanzow* dans les années glorieuses de 1772, 1773 & 1774 que cet habile & heureux Général pourra effectivement obliger les ennemis de sa souveraine à prendre à la fin ce parti ; mais indépendamment des changemens qu'on a déjà observés dans la conduite des chefs & dans les dispositions des troupes, il jugeroit aussi que des succès de cette nature pourroient bien à la vérité être le fruit de toute une campagne, mais qu'ils ne pouvoient jamais être assez rapides, dans les momens présens, pour contribuer au ſuccès du Prince *Dolgorucki* ſur Oczakow.

D'après ces différentes queſtions & les réponſes qu'il s'y feroit faites, l'obſervateur militaire ſe croiroit en droit de conclure d'abord, que la prétendue nouvelle du paſſage du Bog & du ſiége d'Oczakow par le Prince *Dolgorucki*, n'a aucun fondement réel: & enſuite, que ſi véritablement ce Général a oſé en courant tous les hazards qui ſont contre lui, entreprendre avec une armée de 40,000 hommes, le ſiége d'une place où il y a 10,000 hommes d'une garniſon brave, bien commandée, & éclairée ſurtout par des officiers de l'eſpece de ceux qui ont dirigé les deſcentes & les attaques de Kynburn, le ſuccès même ne le ſauveroit pas du jugement qu'on auroit porté de ſon expédition.

En rapprochant ce qui vient d'être obſervé ſur Oczakow pour les Ruſſes, de ce qui l'a déjà été ſur Kynburn pour les Turcs; on peut ſe convaincre par l'importance que les uns & les autres attachent reſpectivement à la poſſeſſion de ces deux places, de toute celle dont elles ſont l'une & l'autre à la conſervation ou au recouvrement de la Crimée.

Il eſt bon de remarquer que depuis le commencement des hoſtilités, ces deux fortereſſes ont été le véritable foyer de toute l'activité militaire, que c'eſt preſqu'uniquement ſur elles, que ſe ſont fixées & que ſe fixent encore dans ce moment ci les opérations, comme si le sort de toute la guerre leur étoit attaché.

C'est sur cette considération bien réfléchie que le spéculateur politique peut, à ce qu'on croit, arrêter avec quelque justesse son opinion sur ce qu'on a avancé dans les observations précédentes.

„ Que l'espoir auquel on se livroit sur „ la possibilité d'une conciliation entre „ les trois cours, paroissoit moins fondé „ que jamais „ *même en admettant que la France y travaillât bien serieusement, & que* Joseph II *fût déterminé par d'autres considérations à s'y preter* (*)

„ Que la politique, la religion & le „ commerce prescrivoient également à la „ Porte ottomane de tout faire pour re- „ couvrer une avulsion aussi humiliante „ pour le Califat que l'étoit celle de la Cri- „ mée, & qu'il n'y avoit plus aujourd'hui „ que la loi de la plus impérieuse nécessi- „ té qui pût forcer le Divan à y renon- „ cer. „

„ Que d'un autre côté la grandeur d'a- „ me & l'élévation des vues de *Catherine II* „ empêcheroient cette Princesse de se prê- „ ter au démembrement de gloire qu'elle „ verroit dans le sacrifice quelconque de „ cette nouvelle acquisition qui étoit son „ ouvrage, le point où elle avoit été au

---

(*) Second volume pages 97, 98 & 99.

„ delà de *Pierre le Grand*, & qu'elle regar- „ deroit même comme une offenſe une „ ſimple propoſition ſur ce point déli- „ cat. „

„ Qu'il n'y avoit donc aucun *Mezzo-ter-* „ *mine* à employer dans cette négociation „ conciliatoire que celui de porter . ſi cela „ étoit poſſible, l'Empereur à laiſſer aux „ Turcs toute liberté ſur leur droite, en „ ſéparant à leur gauche, ſes intérêts de „ ceux de ſon alliée, ce que l'indiviſibilité „ de ces deux intérêts anciennement re- „ connue & récemment ſi intimement „ confirmée, ne permettoit pas d'enviſager „ comme praticable. „

On ne change rien aujourd'hui à cette façon de voir ſur ces objets ; on tient aux mêmes principes, & on en tire la conſéquence que juſqu'à ce que des revers marqués ayent préparé à la flexibilité les Puiſſances encore trop pleines du ſentiment de leurs forces pour ne pas préſumer des ſuccès, on n'a raiſonnablement aucun fruit à eſpérer des négociations.

Conſéquemment encore ; qu'il eſt de la prudence & peut-être de la néceſſité de ſe préparer aux réſultats preſqu'inévitables que la grande commotion dans le Levant occaſionnera vraiſemblablement dans toute l'Europe.

(*) Premier volume, page 5.

Tel que soit dans ce moment-ci le sort de la forteresse de Kynburn, sur lequel on est encore dans l'incertitude; on a vu du moins par les faits, & surtout par la rélation authentique du Feld-Maréchal Prince *de Potemkin*, que cette place pouvoit être emportée.

Parce qu'on vient de lire des détails relatifs à Oczakow, en supposant avec fondement que la vigilance & le courage de la garnison mettront cette place à couvert des dangers d'une surprise & de ceux d'une attaque de vive force; on a pu se convaincre de l'impossibilité démontrée d'en faire le siége régulier avant l'ouverture de la campagne, & jusqu'à ce qu'on ait préparé par l'établissement des magasins la subsistance des troupes, particuliérement de l'armée de *Romanzow*, dans les emplacemens qu'il conviendra de leur faire prendre pour couvrir ce siége & en faciliter le succès.

Il y a donc dans le moment présent possibilité contre Kynburn, & impossibilité contre Oczakow.

La possibilité contre Kynburn, est encore confirmée par la nouvelle (si elle est vraie) du voyage que le Prince de *Potemkin* y avoit fait de sa personne le 27 d'Octobre, & des ordres que ce Général avoit donnés pour mettre cette place en meilleur état de défense.

Il résulte nécessairement deux choses de

de cette démarche du Général en Chef des forces Ruſſes dans cette partie.

L'une, que le Prince *Potemkin* ſent toute l'importance dont il eſt pour lui de conſerver Kynburn, & qu'il prévoit les conſéquences, au moins poſſibles de ſa perte. L'autre, qu'il prévoit auſſi que l'ennemi en renouvellera encore l'attaque, (& à cette époque il y en avoit déjà eu quatre.)

C'eſt ce que l'obſervateur a toujours penſé & écrit: La conformité de ſa façon de juger avec celle du Feld-Maréchal ruſſe, eſt au moins une préſomption favorable; car il eſt ſûr que perſonne ne peut être intéreſſé à y regarder de plus près, ni n'eſt plus à portée d'y voir juſte que M. le Feld-Maréchal de *Potemkin*.

EXTRAIT

d'une Lettre de Varſovie.

Du 20 Nov. 1787.

Il y a eu effectivement quelques dégats à Oczakow, mais il s'en faut bien que cela ſoit auſſi conſidérable qu'on voudroit ici nous le faire croire.

La mer étoit ſi groſſe & le vent ſi contraire, que la marine turque étoit dans l'impoſſibilité abſolue de s'oppoſer au Contre-Amiral *Mordinow* qui a profité de la circonſtance favorable pour faire approcher trois galiotes à bombes qui ont ruiné quelques maiſons &, à ce qu'on dit, un magaſin qui eſt ce qu'on regrette le plus. Le vent a changé & le contre Amiral s'eſt retiré ſagement.

Les partiſans de la Ruſſie font ſonner ici fort haut cette expédition, & ne manquent pas d'en conclure qu'elle prouve toute la ſupériorité de la marine de cette nation ſur celle des Turcs. On a beſoin d'établir ici cette opinion pour donner confiance ou inſpirer crainte aux Polonois. Il ne faut pas moins que l'un ou l'autre de ces motifs, & peut-être tous les deux, pour les déterminer à favoriſer l'établiſſement des magaſins Ruſſes qui ſe font cependant, mais avec beaucoup de difficultés, tant par l'extrême rareté des denrées, que par l'inquiétude du payement.

Le conseil permanent a cependant envoyé des odres aux Palatinats de Kiovie de Bracklau & de Podolie, pour faire fournir toutes les livraisons dont les troupes russes auront besoin dans ces trois Palatinats. On a même déjà nommé des commissaires qui sont autorisés à donner aux propriétaires livranciers des assignations de payemens sur la caisse militaire de l'armée. Z... que vous connoissez, a demandé sur cela au Palatin de P... devant le comte de *Stackelberg*, si ces billets là ne seroient pas des billets *à la Lachâtre*?...

L'armée de *Romanzow* se grossit peu à peu, par troupes de 50 ou 60 hommes qui rejoignent les premiers Régimens arrivés avec le Prince de *Gallizin*, mais point par des corps entiers. Il s'en faut bien qu'elle soit en état de se faire craindre, je dis des Turcs, car ici c'est tout différent: il y en a toujours plus qu'il n'en faut pour en imposer à nos Magnats, serviteurs toujours empressés de la cour de Pétersbourg.

Il y a cependant quelques personages, & même distingués, qui ne sont pas tout à fait de cet avis, quoique dominant.

Les gens sages craignent bien que la

République ne soit bon gré malgré forcée de prendre part à la querelle.

Le Général de Witte a reçu de Choczim la signification formelle par l'ordre de la Porte : *Que les Turcs attaqueroient les Russes, comme leurs ennemis partout où ils les trouveroient & qu'en considération des liens d'amitié & de bonne intelligence qui subsistent entre la Porte & la République de Pologne, il seroit infiniment désagréable à celle là d'être dans le cas de devoir regarder le territoire de celle-ci comme le théâtre de la guerre ouvertement reconnu & justifié, puisque les Russes n'y passoient pas seulement, mais qu'ils y fixoient un séjour permanent.*

Cette information a été mise par le roi sous les yeux du conseil qui a résolu que le département de la guerre enverroit l'ordre au palatin de Russie, le comte de *Potocki* Régimentaire & Commandant des troupes polonoises dans l'Ukraine, de repousser par la force toute invasion hostile du territoire de la République. Il y a tout lieu de croire que cette démarche du conseil permanent aura des suites, surtout après ce qui s'est passé le 12 de ce mois à Marianow, où un corps de Spahis a passé le Niester à la nage pour attaquer une troupe de nos Cosaques qu'ils ont pris pour Russes, & en ont sabré un assez bon nombre avant de les reconnoître pour être des nôtres.

On assure partout ici que notre Prince de *Repnin*, celui de la confédération, le même que vous avez vu à Londres, va prendre, ou a même déjà pris le commandement de la grande armée de Cherſon à la place du Prince de *Potemkin* . . . .

. . . .

. . . .

On prétend qu'il (le Prince *de Repnin*) a garanti à l'impératrice la priſe d'Oczakow, & que le ſiége ou l'aſſaut de cette place aura lieu inceſſamment.

On 'appuie principalement ce ſuccès ſur la retraite de la flotte turque qui étoit ſous Oczakow, & qu'on aſſure avoir fait voile pour Warna ou même pour Conſtantinople.

Les amis des Turcs, car il y en a auſſi ici, diſent bien que l'eſcadre ottomane a effectivement pris cette direction, mais ils diſent en même tems qu'avant peu, les Ruſſes verront qu'ils n'ont pas raiſon de s'applaudir de cette prétendue retraite.

Peu de jours après le départ de la flotte turque, le Pacha Commandant d'Oczakow a fait élever une redoute à l'embouchure, du Bog, dans la vue, à ce qu'on prétend, de couper la communication entre Kynburn & Cherſon. Cette redoute a été tout de ſuite attaquée par le contre-Amiral *Mordinow* qui a ſoutenu le débarquement qu'il a mis à terre par le Nieper, & qui a en même tems raſé l'ouvrage qui n'étoit pas entiérement perfectioné. Les 100 ou 150 Turcs qui y étoient poſtés ont été ou tués ou pris, on dit qu'il y en a eu fort peu des derniers, & les partifans mêmes de la Ruffie rendent la plus grande juftice au courage avec lequel ils fe font défendus.

On montre ici plufieurs lettres de Lemberg, qui parlent d'arrangemens déjà faits pour joindre un corps de troupes impériales d'Autriche aux nôtres & à celles de Ruffie pour attaquer les Turcs avec fupériorité même cet hyver. Quand on voit les difficultés qu'on trouve à raffembler des fubfiftances pour 25,000 Ruffes au plus (on les cherche jufques fur la viftule & dans le Palatinat de Mafovie, on ne croit pas, à moins que les Autrichiens n'en fourniffent, qu'on en puiffe trouver, ce qui fera néceffaire fur le Pruth & fur le Niefter inférieur.

Nul mouvement de troupes en Pruffe, mais cependant de grands magafins fur la Pregel à Kœnigsberg & dans la Pruffe occidentale.

OBSERVATIONS

Du 13 Décembre 1787.

On prévient que cette lettre eſt écrite par un officier inſtruit & à portée de l'être : il connoit la nation chez laquelle il vit, & il vit avec le plus grand nombre de ceux qui ont part aux affaires.

On obſerve dans cette lettre :

1*mo*. Que S. M. Polonoiſe & la majeure partie de ſon conſeil permanent ſont dans la main & à la diſpoſition de la cour de Ruſſie, mais en même tems, qu'il y a cependant une partie de la nation, & même quelques perſonages conſtitués en dignités & diſtingués, qui, comme il s'exprime, *ne ſont pas de cet avis quoique dominant.*

2*do*. Qu'on éprouve quelques difficultés dans la formation des magaſins pour les troupes Ruſſes.

3*tio*. Que les troupes de cette nation n'étoient pas encore à cette époque aſſez en forces pour être redoutables aux Turcs.

Ces Obſervations juſtifient trop complettement celles qu'on a faites, (*) il y a

(*) Premier volume, pages 35, 36.

près d'un mois sur les mêmes objets, pour rien changer aujourd'hui aux résultats qu'on en auguroit à cette époque.

Ce qu'il y a de plus essentiel à remarquer dans le moment actuel, est la signification officielle faite sur un ordre de la Porte, par le commandant de Choczim à celui de Kaminiec.

On écrivoit (*) le 14 du mois dernier, en préjugeant des vues du grand-Visir sur la distribution qu'il avoit faite des troupes ottomanes, *qu'on remarquoit qu'un gros corps d'armée appuyé à Choczim & longeant la gauche du Pruth, communiquoit à d'autres corps réunis à Jassy, pendant que l'armée de Bender, maitresse de passer & de repasser le Niester, suivant les circonstances, couvroit dans cette position non seulement Oczakow, mais menaçoit encore la nouvelle Servie & la Pologne elle-même.*

On répetoit le 20 du même mois (**) que *s'il étoit vrai que la grande armée turque sous Bender, ait remonté le Niester jusques sous Choczim, il ne seroit plus douteux que ce mouvement n'eût pour objet de justifier l'offensive du Visir en Pologne & peut-être contre la Pologne même.*

La note que le Pacha de Choczim a fait

(*) Second volume, page 15.
(**) Second volume, page 40.

passer au Général *de Witte* est décisive sur l'offensive en Pologne, elle est non seulement positive, mais elle est même motivée.

L'ordre que S. M. Polonoise de concert avec le Conseil permanent a fait passer au Régimentaire comte de *Potocki* par le Département de la guerre, doit inévitablement avoir des suites après l'annonce formelle des résolutions de la Porte. L'exécution de cet ordre doit naturellement déterminer l'union des troupes de la République avec celles de Russie.

On avoit vu dès le 10 d'Octobre cette jonction comme déjà concertée. On écrivoit à cette époque (*) *Qu'il étoit très vraisemblable que dans l'entrevue qui avoit eu lieu pendant le voyage de Tauride, entre S. M. Polonoise & Catherine II, Stanislas en renouvellant spirituellement à l'Impératrice sa reconnoissance, n'avoit pas hésité à y joindre les assurances de concourir de tout son pouvoir à la grandeur de ses projets & à la gloire de ses armes.*

On avoit annoncé éventuellement dès l'année 1785 (**) l'usage que l'Impératrice feroit maitresse de faire, dans le cas où elle le croiroit nécessaire ou utile à ses intérêts, des troupes de la République.

C'est au tems à nous éclaircir sur les

(*) Premier Volume page 178.
(**) Premier Volume. page 201.

ſuites poſſibles de l'effet que produiront ou du moins que peuvent produire dans l'intérieur même de la République, les premiers actes d'hoſtilité qui ſe paſſeront entre les Turcs & les Polonois.

On ſe rappellera (*) qu'il s'eſt élevé quelques voix dans ce même conſeil permanent contre l'irrégularité de l'entrée des Ruſſes en Pologne, & qu'on écrivoit alors *qu'il y avoit des diſſidens au vœu de l'Impératrice & même à celui de S. M. Polonoiſe dans les corps d'armée de la Pologne & du grand Duché: qu'il n'étoit pas impoſſible que le voiſinage d'une armée turque ne portât les diſpoſitions internes de mécontentement juſqu'à une exploſion au dehors.*

Le trait cité d'un corps de cavalerie turque qui paſſe à la nage le haut-Nieſter à Marianow pour aller attaquer de l'autre côté un corps de Coſaques polonois qu'il prend pour des Ruſſes, eſt une preuve anticipée de l'offenſive que ces troupes ont l'ordre de prendre, même ſur le territoire républicain.

Cet événement invite à deux réflexions. L'une porte ſur le courage vraiment indigéne (**) de la troupe capable de prendre & d'exécuter cette réſolution. Que l'homme de guerre réfléchiſſant juge froidement & ſans prévention, tout le parti qu'un Gé-

(*) Second Volume page 95.
(**) Premier volume page 19.

néral éclairé, dont la tactique ſaura ſe plier au génie de ceux qu'il commande, peut tirer dans des occaſions de guerre plus importantes, de ces diſpoſitions valeureuſes d'une ardeur qui peut être ſi déciſive.

La ſeconde réflexion à faire ſur ce paſſage du Nieſter, c'eſt qu'il fixe bien poſitivement l'opinion du ſpéculateur qui ſeroit tenté de croire ſur la foi des nouvelles publiques, que le Feld-Maréchal de *Romanzow* s'eſt déjà établi en Moldavie; le côté d'où les cavaliers Turcs ſont partis, n'eſt ſurement pas celui où pouvoient être les Ruſſes, & celui où ils ont paſſé pour aller les combattre eſt certainement celui où ils pouvoient être.

Une obſervation non moins intéreſſante à faire ſur les détails contenus dans la lettre de Varſovie, & qui l'eſt plus particuliérement par les rapports qu'elle a avec ce qui a été écrit plus haut, c'eſt la Redoute élevée par le Pacha à l'embouchure du Bog dans le Nieper. Il eſt prouvé par la liberté qu'ont eue les Turcs de choiſir cet emplacement, que le Prince *Dolgorucki* n'avoit point paſſé le Bog pour entreprendre le ſiége d'Oczakow comme on veut le faire croire.

On voit que cette Redoute n'a été élevée qu'après le départ de la flotte ottomane pour Varna ou pour Conſtantinople, conſéquement que l'attaque qu'en a faite le contre Amiral *Mordinow*, n'a pû avoir lieu qu'à la fin du mois d'Octobre, & il est difficile de se persuader que ce soit dans une saison aussi peu favorable que celle du Mois de Novembre, qu'on commence une expédition de la nature dont doit être celle du siége d'Oczakow.

La Redoute attaquée par des troupes de débarquement, & rasée auparavant par l'artillerie de l'escadre russe a été emportée après une vigoureuse résistance. On ne voit aucune action de guerre depuis le commencement de celle-ci, où on ne retrouve les Turcs payant d'intrépidité, de fermeté & de constance.

On observe que le poste n'a pas été soutenu de la place, & on présume que l'attaque en a été faite avant qu'il fût perfectioné par la communication. L'opinion qu'on a des ingénieurs employés à Oczakow, ne permet pas de croire qu'ils eussent établi un ouvrage si avancé, sans s'être proposés de se préparer en le perfectionant des points de soutien & de retraite.

C'est un mérite de plus pour le contre Amiral *Mordinow* que d'avoir jugé & saisi le moment.

L'officier Polonois croit que l'objet du Pacha d'Oczakow, en élevant cette Redoute, étoit de couper la communication entre l'armée de Cherson & la forteresse de Kinburn. Cela peut être, au moins en partie; mais l'observateur croit voir un objet encore ultérieur dans cet ouvrage, qu'il ne doute pas que les Turcs ne recommencent & ne perfectionnent avant peu, pour se faire une espece de tête de Pont ou de port à ce point intéressant du confluent des deux fleuves, & effectuer, au moyen de ce dépôt, le plan, en se portant en force sur Pérécop, de couper la communication entre la Péninsule & la nouvelle Servie. L'exécution de ce plan qui ne peut avoir lieu qu'après la prise de Kynburn, est le motif sur lequel on a toujours jugé que cette place seroit attaquée & réattaquée jusqu'à ce que les Turcs s'en soient rendus maitres, & on est fort porté à croire que le départ de la flotte ottomanne vers le canal, n'a d'autre objet que celui de se ravitailler, de ravitailler peut-être la place de toutes especes de provisions de bouche & de guerre, & de reparoître avant peu fortifiée de l'escadre d'Egypte, & vraisemblablement sous les ordres du Captan-Pacha lui-même, pour déterminer par un plus grand effort, le succès de l'importante expédition dont dépend le recouvrement de la Crimée.

Suite de la Convention du 27 Octobre.

C'eſt le 27 de Novembre, un mois préciſément après ſa ſignature, que S. M. B. l'a communiquée à ſon Parlement en en faiſant l'ouverture.

Le Roi après avoir rappellé dans ſon diſcours les inquiétudes qu'il avoit marquées dans la derniere ſeſſion, ſur les troubles qui diviſoient à cette époque les Provinces-Unies, cette ſituation devenue plus allarmante pour leur conſtitution & leur indépendance, paroiſſant devoir compromettre dans ſes conſéquences la ſureté & les intérêts de l'Empire Britannique; S. M. a jugé la néceſſité de manifeſter ſes intentions.

Dans ces circonſtances le Roi de Pruſſe ayant pris les meſures néceſſaires pour appuyer la demande d'une ſatisfaction pour l'inſulte faite à la Princeſſe d'Orange; le parti qui avoit uſnrpé le Gouvernement s'étoit adreſſé au R. T. C. qui ayant notifié à S.M. ſes intentions d'accorder les ſecours qu'on lui demandoit, l'avoit déterminé à ſe déclarer plus énergiquement & à donner ſes ordres pour l'augmentation de ſes forces de terre & de mer, & à conclure un traité avec le Landgrave de Hesse-Cassel; mais que la rapidité des succès du Duc de *Brunswick* ayant obtenu au Roi de Prusse la satisfaction qu'il demandoit & mis les Provinces-Unies en état de se délivrer de l'oppression sous laquelle elles gémissoient, tout sujet de querelle se trouvant détruit par là, il y avoit eu une explication amicale entre S. M. & le R. T. C. suivie de la convention respective de désarmer.

On se borne à observer dans l'arrangement ministériel du discours de S. M. Britannique l'adresse avec laquelle en étranglant une partie des motifs & des mesures, on a cherché à présenter la convention dans le jour le plus agréable à la nation, en ramenant tout ce qui a été fait à la dissolution si importante de cette alliance dont les clauses auroient tenu la Hollande *dans une dépendance dont les conséquences pouvoient effectivement compromettre les intérêts & la sureté de l'Empire Britannique.*

L'intérêt personel qu'avoit S. M. Brittannique à la réintégration de l'autorité stathoudérienne n'y est exprimé que sous ses rapports avec ces conséquences si interéssantes à la Grande-Bretagne. Celui du Roi de Prusse dont il falloit bien parler par occasion, est caché sous la satisfaction exigée par ce Prince pour l'insulte faite à Madame la Princesse de *Nassau.*

On a vû que l'observateur n'a jamais cessé de regarder ce double motif d'alliance à défendre, & d'alliance à renouveller, comme le premier de ceux qui détermineroient la nation à agir efficacement dans les affaires de la République.

Indépendamment de ce qu'il en avoit annoncé (*) dans le mémoire du 12 de Septembre 1786, & ce qu'il en avoit répété (**) en discutant la Déclaration comminatoire remise au Gouvernement de Bruxelles par le Lord *Torrington*, il articuloit encore dans des réflexions du 12 de Novembre (***) *Que la nation Britannique ne regarderoit la reintégration stathoudérienne que comme un moyen d'obtenir d'autres avantages, dont le premier étoit la dissolution de l'alliance de la France avec la République, en resserrant les anciens nœuds de l'Angleterre avec cette derniere.*

La justesse de cette prévoyance est éminemment confirmée par son entiere conformité avec tout ce qui a été dit dans les deux chambres sur cet événement, qui considéré sous cet aspect d'intérêt national, a motivé l'Adresse de remerciment décernée à S. M. B.

Dans la chambre des Seigneurs, l'Evêque de Landaff, Lord *Stormont*, Lord *King* ne réunissent leurs suffrages pour l'Adresse & leurs applaudissemens au ministere qu'en faveur de cette considération.

(*) Premier Volume page 24.

(**) Premier Volume page 142.

(***) Second Volume, pages 65, 66, 67 & 68.

Lord

Lord *Hood* & M. *Fox* dans la chambre des communes n'appuierent que ſur ce motif.

Les obſervations faites par ce dernier ſur la néceſſité d'une union avec la Hollande, ſur l'uſage de ne conclure de traités de ſubſides qu'en tems de guerre ouverte, ſur ce que la convention ne portoit que ſur les déſarmemens de mer, ſans s'étendre aux forces militaires des deux Royaumes, ſes conſeils aux miniſtres de pourvoir à la ſureté des poſſeſſions éloignées & finalement ſon opinion ſur le peu de permanence de la paix conclue, ſont exactement le précis des remarques qu'on a faites ſur le même ſujet, & annoncent la vérification prochaine de l'horoſcope qu'on avoit tiré de la convention, avant même qu'elle fût conclue, lorſqu'on écrivoit (*) que ſi (par impoſſible) *la France ſacrifioit tout intérêt de gloire & d'éclat au dehors, à l'intérêt preſſant de l'intérieur, on manqueroit encore l'objet de la paix.*

Les réflexions du Lord *Stormont* ſur la nature des circonſtances qui avoient déterminé la conduite *paſſive* de la puiſſance rivale, rapprochées de ce que cet ancien miniſtre a ajouté contre toute alliance & amitié avec la France en oppoſition de la néceſſité de reſſerrer les nœuds de la Grande-Bretagne avec ſes anciens amis

(*) Second volume, page 93.

& alliés les Hollandois, sans en rechercher de nouveaux, & enfin l'opinion manifestée par ce Lord sur la courte durée de la paix, réunissent sous un même coup d'œil la preuve & la confirmation de ce qu'on avoit dit (*) sur les différentes réticences d'activité que l'Angleterre s'étoit ménagées en proposant un désarmement, *qui pouvoit ne lui avoir été inspiré pour la mer, que par raison d'insuffisance à l'aspect des moyens réunis de la France & de l'Espagne, & surtout pour s'assurer par le bénéfice de la convention, les moyens de dissoudre l'alliance qu'elle craignoit, & de resserrer ses anciens nœuds.*

La chaine de ces idées est si intéressante à bien saisir, que l'observateur croit encore essentiel d'en remettre un des anneaux sous les yeux du lecteur, tel qu'il en fut frappé lui-même à la premiere lecture de la convention. *Si effectivement,* se disoit-il alors (en parlant de la déclaration du Duc de *Dorset* & de M. d'*Eden*) (**) *cette démarche en apparence si pacifique, n'étoit au fond qu'une* obliquité *adroitement méditée pour rendre à la République la plénitude de tous ses moyens........ Quel usage la cour de Londres n'en pourroit-elle pas faire?* On désireroit se tromper dans ses conjectures, mais on avoue qu'en entendant les Lords *Stormont* & *Hood* & *M. Fox*, le soupçon qu'on avoit alors est dans ce moment-ci bien près de la certitude.

(*) Second volume, page 97.

(**) Second volume, pages 98 & 99.

Antérieurement même à la convention du 27 d'Octobre, ſur les bruits qui ſe répandoient déjà d'un déſarmement prochain & des ſentimens pacifiques du miniſtre Britannique, en citant la réponſe du Lord *Chatam* à l'Ambaſſadeur d'Eſpagne, *Nous conſulterons l'équité, Monſieur l'Ambaſſadeur, lorſque votre canon aura fait taire celui de la tour de Londres*, on ajoutoit: *Si le* Pitt *de 1787, ne prend pas le même ton que le Pitt de 1756, ce n'eſt pas que le fond des principes ait changé dans le cabinet de St. James, mais ce ſont les circonſtances qui exigent un peu plus de déférences... juſqu'à ce qu'on puiſſe s'expliquer avec plus de fierté.* Lorſqu'on entend ce miniſtre répondre au Lord *Stormont*, *que les armemens ont produit ce qu'on pouvoit raiſonablement déſirer*, une paix ſolide *en apparence*, on a bien de la peine à ne pas croire que ces deux miniſtres ne portent au fond le même jugement, & de la non-permanence de la conciliation, & des moyens à préparer, & des moyens à employer pour la rompre avec avantage.

Il eſt eſſentiel d'obſerver que S.M.B. en communiquant à ſon Parlement les meſures qu'elle a priſes ſur le Continent pour l'augmentation de ſes forces de terre, ne met ſous les yeux des deux chambres que le ſeul traité de ſubſides qu'elle a conclu avec le Landgrave de Heſſe pour un corps de 12,000 hommes de ſes troupes complettement armé & équippé en guerre, toujours prêt à marcher aux ordres de la Grande-Bretagne, ce traité eſt pour quatre ans.

L'obſervateur a dû être fort étonné de cette exceſſive différence ſur le nombre des 50,000 ſubſidiaires (*) auquel il avoit évalué les troupes négociées dans l'Empire par le Général *Faucit*; & plus encore, ſur celui des 74,000, auquel il les avoit plus récemment portées, après les notions qu'il en avoit eues de Londres même. (**)

L'amour de la vérité & le déſir de s'éclairer lui-même ſur la certitude des faits, lui a fait ſuſpendre ſes réflexions juſqu au moment où le montant des dépenſes extraordinaires de l'armement général ſeroit mis ſous les yeux de l'aſſemblée nationale. Il avoit bien preſſenti que cet article délicat ne ſeroit traité par le miniſtre qu'avec une grande circonſpection, & il avoit même été juſqu'à penſer, que de l'agrément de S. M. B. on ne comprendroit point d'abord les troupes hanovriennes dans l'état des ſubſidiaires, pour diminuer d'autant le montant des ſommes qu'on auroit à demander à la nation; mais il n'ignoroit pas non plus, qu'il falloit abſolument que de façon ou d'autre l'exacte vérité lui fût expoſée, pour obtenir les ſubſides.

C'eſt d'après cette idée qu'après avoir vû le montant des dépenſes extraordinaires pour l'artillerie, la marine & l'armée

(*) Premier volume, page 174.

(**) Second volume, page 14.

Britannique, il a obſervé un *quatrieme article non ſpécifié de 18,166 liv. Sterling d'argent annoncé hors de la liſte civile pour les ſervices au dehors, chez l'étranger*, & il a cru appercevoir dans la répartition proportionelle de cette ſomme, le point précis où la vérité déclarée & la vérité cachée paroiſſent être également à découvert.

Il a vû que le Landgrave de Heſſe-Caſſel recevoit annuellement, ſuivant l'Etat produit au Parlement un ſubſide de 150,000 écus, & il a crû en pouvoir conclure, que ſi le même engagement a été pris éventuellement avec d'autres cours, ce ſera au même prix & ſur le même pied que les traités auront été ſignés, conſéquemment que moyennant cette ſomme, le Général *Faucit* a pû aſſurer à l'Angleterre 38,000 hommes qui joints aux 12,000 Heſſois évidemment déclarés, feroient le total effectif de 50,000 ſubſidiaires, ce qui ſeroit parfaitement conforme avec ſa premiere évaluation.

Cette obſervation eſt d'autant plus intéreſſante à approfondir, que s'il eſt effectivement vrai que le montant des ſubſidiaires éventuellement engagés à l'Angleterre, s'éleve juſqu'au nombre de 74 mille, il faut que cette Puiſſance les ait négociés, non ſeulement avec les Princes dont les Etats ſont ſitués ſur la bande Germanique de l'Ocker au Bas-Rhin, mais encore avec ceux de la bande parallele.

Il feroit donc alors bien prouvé par là que ce feroit le cabinet de S. James qui auroit été l'instigateur de cette réunion singuliere des membres de l'Empire dont on avoit des indices marquans & des notions qu'on regardoit comme certaines dès le 2 de Mars (*); Que cet armement collectif devoit avoir un objet, dès cette époque; Que cet objet étoit intéressant à la Grande-Bretagne, puisqu'elle en faisoit les fraix; Qu'il étoit nécessairement, par la même raison, dirigé contre la France & que n'étant évidemment pas défensif, il étoit comminatoire & offensif, soit contre les possessions Européennes de la puissance rivale, soit contre ses possessions éloignées;

Qu'aujourd'hui enfin, qu'au moyen de la révolution qui a changé les affaires en Hollande, & remis les Provinces-Unies dans la main de l'Angleterre, les forces de terre & de mer de la République peuvent encore ajouter un grand poids à la masse des moyens éventuels dont la cour de Londres s'est assurée pour être toujours prêts à marcher à ses ordres; il pourroit être à craindre, si les jugemens que les meilleures têtes du Parlement britannique portent de la convention du 27 d'Octobre viennent à se confirmer, que la France n'ait à regretter d'avoir laissé passer le moment, où, en réunissant, comme elle le pouvoit, toute son activité & ses moyens

(*) Premier Volume, page 128.

maritimes contre sa principale ennemie, elle auroit pû forcer comme on le croioit (*) *la même main qui avoit fait le mal à y porter le remede.*

Elle auroit eu pour elle, ou du moins elle n'auroit pas eu contr'elle tout ce que l'Angleterre a acquis de moyens en Hollande par une suite inévitable de la convention.

On n'est point étonné à la suite de ces réflexions sur des préparatifs médités de si loin & si dispendieusement arrangés, de voir M. *Fox* demander au ministre la communication des deux écrits ministériels dont l'un avoit déterminé les armemens, & l'autre avoit si subitement porté à les suspendre. On conçoit aisément aussi que M. *Pitt* ait pû, & peut-être dû refuser cette intéressante communication; mais on croit en même tems qu'il est bon de remarquer avec quelque attention le motif dont ce ministre a appuié le refus de produire sous les yeux de la chambre la déclaration du Roi de Prusse, *elle embrasse, dit ce ministre, des points qu'il ne seroit ni prudent, ni politique de mettre au jour.* La sagacité politique seroit assez portée à croire qu'une partie essentielle des points contenus dans la déclaration par laquelle S. M. Prussienne a *fait part de sa résolution* & qu'il seroit contre la prudence & la politique du ministre Britannique de mettre au jour, a été indiscret-

(*) Premier Volume, pages 229 & 230.

tement manifestée par l'ordre que LL. HH. PP. ont fait passer à leur ambassadeur à Paris, en conséquence de leur résolution du 20 du mois dernier. (*)

On lit dans les nouvelles de Londres en date du 7 de ce mois, que M. *Fox* avoit demandé à M. *Pitt* dans la séance du 5, si les 12,000 Hessois formeroient un corps permanent d'augmentation dans l'armée, ou s'il ne falloit les regarder que comme un secours momentané occasioné par les affaires de Hollande ? La réponse du ministre à cette question avoit été „ que les troubles de Hollande étoient bien originairement ce qui avoit suggéré l'idée de ce traité, mais que ces commotions le rendoient nécessairement une branche permanente de l'établissement militaire, que l'emploi des troupes dépendroit des circonstances & des événemens, que vû la nécessité de fortifier les relations avec le Continent, on s'occupoit à faire d'autres alliances, que ces précautions étoient dictées par la prudence, quoiqu'il espérât que la guerre étoit très éloignée. „

A l'expression près du mot d'espérance qu'a prononcé M. *Pitt* sur l'éloignement de la guerre, on ne voit pas un seul trait dans la réponse de ce ministre qui ne l'annonce, & qui ne la présage même très prochaine.

„ Le corps Hessois a été engagé originairement dans le moment où les affai„ res de la République faisoient présumer

(*) Second volume, pages 97, 98 & 99.

„ qu'il feroit bon à employer, comme un „ fecours momentané, mais il faut dans ce „ moment-ci, dit le miniftre, le regarder „ comme une *augmentation p rmanente* dans „ l'armée Britannique où ces commotions „ l'ont rendu *néceffaire.* „

La commotion produite dans le fyftême politique à l'occafion des troubles de la République n'eft donc pas entierement terminée, puifqu'elle exige néceffairement une augmentation *permanente* dans l'Etat militaire de la Grande-Bretagne.

„ L'emploi de ce corps fubfidiaire dé„ pendra des circonftances & des événe„ mens. „

Il y a donc à prévoir dans les circonftances préfentes, des événemens qui mettront, ou du moins qui peuvent mettre l'Angleterre dans le cas d'employer le corps qu'elle n'a pris à fa folde que dans cette vue.

Cette prévoyance des circonftances & des événemens eft fi motivée, elle paroît telle au miniftre britannique „ qu'elle exige „ même qu'on fortifie les relations avec le „ Continent, en s'occupant d'y former en„ core d'autres alliances. „

Et ces alliances feront fans doute dans le même genre que celle qu'on a contractée avec le Landgrave de Heffe, pour être également employées fuivant les circonftances & les événemens qui peuvent réfulter de cette commotion, qui par la convention du 27 d'Octobre dernier, ne laiffoit plus fubfifter de fujet de difpute ni de querelle entre la Grande-Bretagne & la France. C'eft la prudence qui dicte ces précautions néceffaires à prendre ; l'obfervateur croit pouvoir ajouter, fans craindre de fe tromper, *qui font déjà prifes, mais fur lesquelles M.* Pitt *amene prudemment par dégrés le Parlement au point de les approuver, comme provifoires, en attendant qu'il les fanctione par fes fubfides.*

On ne doute pas qu'avec cette marche réellement guerriere, malgré l'efpérance qu'annonce M. *Pitt* de conferver encore longtems la paix, le miniftre n'obtienne aifément de la nation tous les moyens qui pourront concourir aux projets que la vengeance & la jaloufie nationale ont conçus, pour les exécuter à la faveur de la commotion occafionnée par les affaires de Hollande.

C'eft par une fuite de ces mêmes précautions dictées par une prudence prévoyante, que malgré l'explication amicale de l'article XIII du traité de paix relativement aux affaires de l'Inde, le nombre des troupes royales qui feront employées pendant l'année 1788 dans les poffeffions angloifes de cette région, fera augmenté jufqu'à neuf Regimens d'Infanterie & un Régiment de Dragons.

L'homme qui aime à juger fur les faits a bien de la peine à imaginer, comment M. *Pitt* avec une conviction fi marquée de la néceffité de prendre toutes ces mefures provisoires & instantes de guerre, pourroit sérieusement se flatter qu'elle est encore fort éloignée.

Une observation qui reste à faire sur un des traits de la séance du 5 de ce mois, porte sur une proposition faite par M. *Burke*, qui, après avoir approuvé & appuyé la nécessité des alliances avec le Continent, en indique une avec la Russie, l'Empereur & la Prusse. Il n'y a donc, (au moins dans l'idée de M. *Burke*,) aucun simptôme d'opposition entre les cours de Vienne & de Berlin; il ne resteroit après cela que de savoir jusqu'à quel point ces deux mêmes cours pourroient s'être rapprochées.

En résumant les réflexions qu'on vient de faire sur tout ce qui s'est passé & dit de plus essentiel dans ces premieres séances du Parlement britannique, l'homme qui cherche de bonne foi à juger l'avenir sur le présent, est moins disposé que jamais à croire à la permanence d'une pacification signée sous ces auspices provisoires.

Si c'est effectivement la façon de voir & de penser des principales têtes de cette assemblée, qui fixe & qui détermine l'esprit de toute la nation en général; quand il voit les deux partis se réunir pour applaudir & pour ajouter aux mesures déjà prises éventuellement pour la guerre, il se croit fondé à la regarder comme déjà décidée, & il ne lui reste plus de question à se faire que sur l'époque où elle se déclarera.

Il croit voir même la réponſe à cette queſtion dans le conſentement du ſubſide accordé au Landgrave de Heſſe-Caſſel pour l'année 1788. L'emploi de ce corps de troupes dépendra, dit on, des événemens; & il ſera payé par la Grande-Bretagne en 1788. C'eſt donc en 1788 que les mêmes perſonnes qui préſument la guerre, préſument auſſi qu'elle éclatera.

On remarque avec attention, que M. *Fox* ayant propoſé quelques délais au miniſtre pour ne rien précipiter dans les arrangemens à prendre ſur les nouvelles levées & ſur les augmentations de l'armée, le miniſtre avoit nerveuſement appuyé ſur la néceſſité abſolue de faire partir avec la plus grande célérité les troupes deſtinées pour l'Inde, & on remarque auſſi que M. *Fox* avoit cédé ſans héſiter à cette néceſſité proviſoire ſi inſtante: des meſures ſi néceſſaires & ſi prochaines indiquent non-ſeulement l'uſage qu'on ſe propoſe de faire de ces troupes, mais encore que cet emploi eſt regardé comme imminent. Et il importe ſurtout d'obſerver que c'eſt ſous cet aſpect qu'il frappe également deux hommes d'Etat dont l'oppoſition habituelle n'a pû être rapprochée que par l'évidence & le ſentiment uniforme d'un grand intérêt national.

A tel point qu'en ſoit actuellement le cabinet de S. James ſur les nouvelles relations dont il veut ſe fortifier dans le Continent & ſur les nouvelles alliances dont il s'occupe ; l'applaudiſſement avec lequel le Parlement reçoit ces ouvertures, ne laiſſe pas de doute ſur les diſpoſitions guerrieres dans leſquelles ce corps national adopte des meſures ſi diſpendieuſes.

Quand les traités avec les autres Princes de l'Empire n'auroient pas été formellement ſignés, comme l'a été celui du Landgrave de Heſſe-Caſſel, on eſt bien ſur du moins à préſent, qu'à cette formalité près, qui d'un inſtant à l'autre peut être remplie ; Sir *Williams Faucit* les a préparés de façon que la Grande-Bretagne n'en eſt pas moins aſſurée d'avoir ces troupes toutes prêtes à ſa diſpoſition ſuivant l'événement. Cet arrangement aura été d'autant plus facile, que la convention connue avec la cour de Heſſe-Caſſel doit naturellement avoir été priſe & reſpectivement reconnue pour baſe de celles à ſigner avec toutes les autres cours. Même prix proportionnel pour les hommes ; même époque pour l'emploi qu'on pourroit faire des uns & des autres.

Il eſt donc au moins dans l'ordre des probabilités, que malgré le déſarmement convenu le 27 d'Octobre 1787 entre la France & l'Angleterre, les hoſtilités entre ces deux Puiſſances n'en commenceront pas moins en 1788 ; & il eſt bien prouvé qu'alors la cour de Londres aura complettement arrangé & diſpoſé tous ſes moyens de terre & de mer, tant dans le Continent, que dans ſes poſſeſſions éloignées.

On ne doute pas que du côté de la France & de l'Efpagne, on n'ait pris également toutes les mefures éventuelles; & l'honneur national ne fera furement pas moins chez les deux peuples que l'efprit patriotique n'a fait en Angleterre.

En admettant avec Mylord *Stormont* que la nature feule des circonftances ait déterminé la déférence avec laquelle la cour de Verfailles a agréé les propofitions du Lord *Dorfet* & de M. d'*Eden*, on peut évaluer d'avance ce que ce fouvenir fi douloureux pour une nation qui aime la gloire produira fur elle lorfque le jour de la vengeance fera venu.

Mais malgré toute cette confiance dans l'énergie nationale, on ne peut fe diffimuler qu'il eft plus que probable que la France aura contr'elle à cette époque, cette même République dont l'alliance pouvoit lui être fi utile, & dont la perte doit lui être d'autant plus fenfible qu'elle ne peut l'attribuer qu'à l'imprévoyance des mefures qu'on a été fi longtems le maître de prendre, & qu'on a fi opiniâtrement négligées.

Il eft encore très poffible que cette même Hollande devînt alors, ainfi qu'on le difoit, un Pont d'un ufage dangereux, s'il devoit fervir de paffage aux corps fubfidiaires dont l'Angleterre s'eft fortifiée & fe fortifie.

Publication du Magiſtrat d'Amſterdam.

Meſſieurs *du Magiſtrat de la ville d'Amſterdam, perſuadés que dans une ville grande & peuplée comme celle-ci, rien ne peut contribuer à ſa proſpérité & à la faire fleurir, que lorſque la bonne intelligence & l'eſprit pacifique regnent entre ſes habitans, ont remarqué d'une part avec ſatisfaction qu'un grand nombre des bourgeois & habitans ſe ſont comportés, ſuivant la publication du 11 Octobre 1787, par laquelle Meſſieurs du Magiſtrat ſuſdit, pour prévenir toutes rencontres deſagréables, & pour l'avancement du repos public, avoient exhorté tous & chacun à ſe pourvoir d'une marque d'*Orange, *auquel on attache en ce tems-ci le ſigne du déſir de voir renaitre dans la patrie la bonne intelligence, le repos & la tranquillité, après tous les malheurs où la diſcorde l'avoit plongée.*

Mais d'un autre côté, Meſſieurs du Magiſtrat ſuſdit ont appris avec regret, que nonobſtant les deſſeins ſalutaires & les vues pacifiques qui conſtituoient cette publication, quelques habitans au contraire de tant d'autres, qui, ſuivant le caractere ancien des braves bourgeois d'Amſterdam, cooperent au maintien du repos & de la concorde, peuvent perſiſter à trouver bon de nourrir un eſprit de parti & paroiſſent vouloir mépriſer ouvertement par leurs actions le bon conſeil de Meſſieurs du Magiſtrat, par où *naguéres le repos & la sureté ont été troublés d'une maniere extrême à la bourse de cette ville & ailleurs. C'est pourquoi Messieurs du Magistrat susdit, trouvent bon d'exhorter & d'aviser encore de la maniere la plus sérieuse tous & chacun, de se pourvoir à l'extérieur d'une marque d'*Orange, *soit cocarde, nœud ou ruban, comme une preuve qu'on est bien intentionné pour la constitution, afin que le repos ne soit maintenant plus troublé dans cette ville; tous ceux qui en négligeant de satisfaire à cette exhortation, auront mis au jour leurs sentimens turbulens, séditieux & enclins à la dissension, seront considérés & traités par Messieurs du Magistrat comme fauteurs desdits sentimens. Défendant néanmoins Messieurs du Magistrat susdit qu'il ne soit fait aucune violence pour ces raisons à de telles personnes, par qui que ce soit, soit à la bourse, soit dans les rues, & surtout qu'il ne soit fait aucune molestation ou violence à cet égard aux loyaux habitans qui se conduiront suivant ce conseil; tous ceux qui se seront rendus coupables de ces faits séditieux, seront punis comme perturbateurs du repos & de la sureté publics, de la maniere la plus sévere & exemplairement.* Fait à Amsterdam, le 9 Décembre 1787.

J. van der DUSSEN.

L'évé-

L'événement qui a porté la Régence d'Amsterdam à publier l'ordonnance qu'on vient de lire, mérite lui-même l'attention de l'observateur par la connoissance qu'il donne de la disposition actuelle des esprits dans l'intérieur de la République.

Le jour même que le corps d'un des ouvriers du Kattenburg tué dans l'émeute du 30 May dernier, fut détaché de la potence & rendu à ses parens, en conséquence de l'amnistie publiée par les Etats actuels de Hollande, ce qui donna lieu à une espece de marche triomphale d'environ 700 charpentiers de l'amirauté qui suivirent avec apparat le convoi du martir de la cause stathoudérienne; un des anciens régens démis, négociant riche & distingué parut à la bourse sans cocarde Orange, & sa présence ne manqua pas d'y exciter des murmures. En vain quelques-uns de ses amis lui représenterent la nécessité de se plier aux circonstances, l'exrégent patriote se refusa à toutes les représentations. Deux marchands juifs entreprirent de le persuader & ne parvinrent qu'à l'aigrir. Il devint furieux. Quelques autres patriotes armés de sabres & de pistolets sous leurs manteaux prirent part à la querelle: Elle s'échauffa, des paroles on en vint aux coups; plusieurs personnes furent fort maltraitées & entr'autres les deux juifs dont l'un est mort, dit-on, de ses blessures. L'opiniâtre négociant, auteur occasionnel de la rixe ne sortit de la bourse qu'en jurant d'y reparoitre efcorté d'un plus grand nombre de patriotes.

C'eſt ſur ce fait arrivé le 7 de ce mois que MM. du Magiſtrat d'Amſterdam ont rendu leur ordonnance du 9.

Dans les réflexions qu'on faiſoit (*) ſur le ſerment propoſé aux Etats de Hollande le 25 d'Octobre par les députés de la ville d'Enckhuiſen, „ pour prévenir les „ bons habitans du danger de ſe laiſſer en„ trainer à une nouvelle ſéduction, „ on ſe demandoit s'il n'y avoit pas à craindre que ce préſervatif lui-même ne fût ſujet à de très grands inconvéniens? On ne peut s'empêcher de ſe faire encore aujourd'hui la même queſtion après avoir lu le Réglement publié par la Régence d'Amſterdam.

Quelle opinion les ſages Républicains non prévenus & impartiaux, peuvent-ils avoir d'une ordonnance qui eſt elle-même marquée du ſceau de la partialité? Convaincus comme ils l'ont toujours été que la déſunion étoit la ſource originaire de tous les maux publics, (**) & que ce n'eſt que du retour de la concorde qu'on peut en eſpérer la réparation, quel eſpoir fondé peut-il leur reſter de voir renaître cette union ſi déſirée, quand la loi elle-même ſert d'organe à l'eſprit de parti & de diſſenſion?

Nous blamons, diſent ces Républicains

(*) Second volume page 10.
(**) Premier Volume. page 201.

ſages, l'infléxibilité du régent démis ; ſa conduite a troublé l'ordre & la paix ; nous convenons qu'elle eſt en cela condamnable, mais enfin c'eſt un citoyen diſtingué qui a ſuccombé avec la cauſe qu'il défendoit; il eſt malheureux ; c'eſt un titre pour excuſer ſa fierté.

Pourquoi l'expoſer & expoſer la ville à de nouvelles ſcenes de troubles, d'émeutes & de meurtres, en ordonnant de porter un ſigne, qui a pn en être un légitime de diſtinction, lorſqu'il y a eu dans la République des partis oppoſés ; mais actuellement que l'intérêt collectif & celui du Prince ſtathouder même eſt qu'on regarde la conſtitution légale comme parfaitement réintégrée & univerſellement conſolidée, toute eſpece de diſtinction n'eſt-elle pas évidemment ſuperflue & inutile? on vient de voir de plus qu'elle peut être même dangereuſe : le parti ſtathoudérien a triomphé, mais il a triomphé de ſes concitoyens; de citoyens libres dont il ne doit pas, par reſpect pour lui-même, défier le courage en les obligeant de porter contre leur gré une couleur qui révolte au moins leur amour propre, & qui, à ce titre irréſiſtible de répugnance, ne peut être à leurs yeux que le ſceau de l'humiliation & l'attache de la ſervitude.

N'eût il pas été plus ſimple, diſent ces mêmes Républicains, que MM. du Magiſtrat euſſent été à l'objet qu'ils annoncent déſirer d'effectuer, par une voie toute différente, en déclarant dans un nouveau Réglement de Police, „ que l'heureu-„ ſe révolution qui vient de rétablir dans „ les Provinces-Unies l'uniformité de la „ conſtitution légale ſtathoudérienne, ne „ permettant plus de préſumer qu'aucun „ bon citoyen s'écartât des obligations pre-„ ſcrites par le ſouverain, en vertu de cet-„ te même conſtitution, MM. du Magis-„ trat ne croyent plus néceſſaire de laiſſer „ ſubſiſter plus longtems les marques des „ diſſenſions inteſtines qui ont ſi malheu-„ reuſement intéreſſé le repos & la proſ-„ périté de cette opulente ville, & „ qu'à ces cauſes, en louant haute-„ ment le zele de ceux qui ont manifeſ-„ té leur attachement à la perſonne de „ S. A. S. Le Prince ſtathouder & à la „ maiſon d'Orange, en portant cette cou-„ leur, il exhorte ces mêmes citoyens à „ redoubler, s'il eſt poſſible, encore de ze-„ le & d'attachement dans le fond de leurs „ cœurs; mais les prie en même tems & „ leur ordonne pour le bien de la paix & „ pour le ſervice ſpécial de S. A. S. & de „ de l'illuſtre maiſon d'Orange, de s'abſte-„ nir dorénavant de porter aucun ſigne ex-„ térieur d'un attachement qui devoit être „ ſuppoſé univerſel. „

On penſe avec ces honnêtes Républicains que la marche qu'ils indiquent étoit & la plus ſure pour opérer la tranquillité publique du moment & la plus propre à mettre ſincérement les eſprits ſur la voie de la réunion, conséquement que que c'étoit sous ces deux aspects, le seul parti à prendre en bonne politique. Il n'en devoit rien coûter aux partisans zélés du stathoudérat, de se priver d'une couleur qui leur est chere ; le motif par lequel ils l'auroient fait, n'auroit rien eu que de flatteur & d'honorable pour eux. De telle façon au contraire qu'on prescrive à ceux qui ont été dans des sentimens opposés, de se mettre aujourd'hui sous la sauvegarde de cette couleur répugnante, ce sera toujours un acte révoltant de soumission & de contrainte dont leur courage peut s'indigner, & il ne faut qu'un instant pour faire couler beaucoup de sang dans cette grande cité.

En suivant l'idée sage des Républicains impartiaux, on croiroit voir une grande utilité générale dans un réglement de cette espece pour toutes les villes des sept provinces sans exception, mais on le jugeroit de nécessité indispensable, de premiere nécessité politique, dans une ville qui est non seulement la plus considérable & la plus opulente de sa Province, mais qui doit être de plus regardée & traitée comme la capitale du globe commerçant.

Les citoyens qui ont été à la bourse avec des armes sous leurs habits, n'ont pu avoir que des idées de vengeance ou d'allarme en les prenant : l'un & l'autre de ces sentimens peut avoir des suites & des suites même inquiétantes pour la constitution actuelle, si on les aigrit. La liberté a ses martyrs comme la religion; l'une & l'autre bien ou mal entendues ont encore leurs martyrs, & ce n'est ni la menace ni la sévérité qui diminue le nombre des prosélites.

Le moindre des maux à prévoir seroit la nécessité de prolonger dans l'intérieur d'un pays libre, le séjour d'une autorité étrangere imposante & armée qui ne devoit peut-être jamais y être appellée, & qu'il peut également importer aux deux partis d'en voir bientôt sortir. Que ces deux partis, s'ils existent encore) pensent sérieusement qu'il leur est indispensable de se rapprocher, qu'il l'est aussi à leur voisins que de façon ou d'autre ils se réunissent, & qu'enfin, si l'on ne voyoit pas d'autre parti à prendre pour s'assurer de cette réunion, la force qui a soumis une moitié, n'a plus que la moitié du chemin à faire pour soumettre le tout.

Journal de l'expédition du Cuban

A Elisabeth-Gorod, le 3 Nov. 1787.

Le Général-Lieutenant Potemkin *ayant reçu la nouvelle vers la fin de Septembre, qu'il se rassembloit un grand nombre de troupes entre les rivieres Urup & Lab & que quantité de Turcs de Sudschuk-Kale s'étoient joints à ceux du Cuban pour leur faire part de la rupture & les exciter à faire une irruption sur le territoire Russe contigu, il prit la résolution de les prévenir & de disperser cette troupe.*

Le 1er Octobre il passa le Cuban avec trois colonnes; & pour cacher son dessein à l'ennemi, le Général-Major Jelagin *dut passer cette riviere au dessous de Ovetschi-Brod avec la quatrieme colonne, avec ordre de repousser l'ennemi si celui-ci venoit à commencer l'attaque. Le Colonel* Rebinder *dont la colonne avoit le moins de chemin à faire, arriva le premier devant le quartier de Scheick, où il trouva environ 600 ennemis qui s'étoient retranchés avec des chariots; il ne balança pas à les attaquer. Les Tartares se défendirent en désespérés, mais enfin ils furent obligés de céder. Nos troupes forcerent le retranchement & tout ce qui s'y trouva fut passé au fil de l'épée. 400 hommes de l'ennemi resterent sur la place.*

Le 2 Octobre Scheick s'approcha avec toute

sa troupe qu'il avoit rassemblée, & il attaqua le Colonel Rebinder, *mais il fut repoussé. Le régiment de carabiniers de* Rostow *eut le plus grand choc à essuyer dans cette action, car au moment où il sabroit une troupe séparée, un gros de Tartares sortit d'une embuscade & vint le prendre par le flanc, mais le régiment de dragons d'*Astrakan *& un bataillon de Grenadiers ayant volé à son secours, l'ennemi fut mis en fuite.*

Le 3, l'ennemi ayant été renforcé par l'arrivée des Temirgozs, des Besleneizer, des Kiptschaks & des Abasinzs, il tenta une nouvelle attaque. Le Genéral-Major Prince Ratyew *marcha à leur rencontre, & fit un feu si vif, qu'ils ne purent tenir longtems, & se retirerent dans le bois & dans les fonds où ils croyoient être en sureté; mais ils furent poursuivis de tous côtés, & gagnerent à toutes jambes leurs habitations; ceux qui demeuroient dans le voisinage se sauverent dans les montagnes. Le jour suivant leurs villages & la demeure de Scheick furent mis en cendres. Chez le dernier on trouva dans deux granges 10,000 livres de beurre & une grande quantité d'orge.*

Le 6 le Général-Lieutenant Potemkin *fit retourner ses tronpes vers le Cuban. Pendant sa marche à travers les défilés, aucun ennemi ne se montra, si ce n'est qu'une troupe de 300 de ces brigands fit mine d'attaquer l'arriere garde dans une bruyere, mais il furent bientôt repoussés. La perte de l'ennemi fut considérable, il ne fut pas même en état ou n'osa pas une seule fois emporter les corps des tués, coûtume que ces peu-*

plades ſuivent toujours. Nous avons eu 15 morts & 39 bleſſés, parmi leſquels ſe trouve le Major Attaman Jamaw *qui fut bleſſé par deux fléches à la tête.*

Lorſque le Général-Major Jelagin *paſſa le Cuban le 3 Octobre & fit plus de 50 Werſtes au delà de la riviere Urup, il ne parut perſonne de l'ennemi. Le* 6 *il rencontra une troupe de Tartares vagabonds qui ne ſe furent pas plutôt montrés, que les coſaques les mirent en fuite.*

*Le 7 Octobre, il repouſſa près d'*Aulew *tout ſe qui ſe trouva ſur ſon paſſage. Pour mieux chercher l'ennemi, il détacha le brigadier* Bulgakow *& le Colonel* Depreradowiſch, *à chacun deſquels il donna un bataillon d'infanterie &* 4 *eſcadrons de cavalerie avec un certain nombre de Coſaques. Le brigadier* Bulgakow *après avoir marché environ 7 werſtes, rencontra un corps de 2000 hommes de l'ennemi, qu'il diſſipa après un combat de deux heures. Ce corps voulut ſe rallier ſur une hauteur, mais après quelque réſiſtance, il fut de nouveau mis en fuite & obligé de ſe ſauver dans les forêts avec une perte de 400 hommes. Le Colonel* Depreradowiſch *dirigea ſa marche vers les villages de ceux du Cuban, & après une marche pénible, il en vint aux mains avec eux le 7, le 8 & le 9. Le dernier de ces jours, les Tartares ſe battirent en déſeſpérés & le combat dura plus de 7 heures. Le Général-Major* Jelagin, *accourut à ſon ſecours, mais les ennemis furent battus & diſſipés avant ſon arrivée. Le Colonel* Depreradowiſch *évalue à 2000 hommes la perte qu'ils ont* *faite. Le corps sous les ordres du Général* Jelagin, *n'a eu qu'un Lieutenant & 34 soldats de tués, & 2 sous-lieutenans & 105 soldats de blessés. Nous avons pris une grande quantité de bétail; il a été distribué parmi les troupes, qui sont retournées à leurs quartiers après avoir ainsi châtié les habitans du Cuban.*

OBSERVATIONS

ſur le Journal de l'expédition du Cuban.

On voit que ſur la nouvelle de la rupture décidée entre la Porte & la Ruſſie; des hordes de Tartares de la droite du Cuban ſe raſſembloient à la voix & aux ordres de *Scheick-Manſur* pour faire une irruption ſur le territoire Ruſſe, & vraiſemblablement, contre l'isle de Taman, ce qui a donné lieu aux bruits fauſſement répandus que ces mêmes Tartares s'en étoient rendus maîtres.

Les diſpoſitions du Lieutenant-Général *de Potemkin* pour les prévenir, l'intelligence & la bonne conduite des officiers employés à cette expédition, la valeur & la diſcipline ſure des troupes à leurs ordres n'ajoutent rien à la haute opinion qu'on a toujours eue du militaire Ruſſe, mais ce qu'on lit dans ce même journal authentique, eſt également propre à confirmer l'obſervateur attentif dans l'idée avantageuſe qu'il s'eſt faite de la prévoyance avec laquelle le Grand-Viſir n'avoit rien négligé de tout ce qui pouvoit concourir au recouvrement de la Crimée.

L'homme de guerre qui lira la relation avec quelque réflexion ne pourra ſurement pas douter de l'exiſtence des officiers étrangers qu'on a assurés (*) être auprès des Tartares émigrés de la Péninsule, dans l'attente du moment favorable où ils pourroient faire un usage utile de leurs connoissances & de leurs talens.

On n'est point étonné de voir des peuplades de paysans sans discipline, mal armés, la plupart n'ayant que leur sabre & leur carquois, rassemblés par un Chef qui peut-être lui-même n'est qu'un fanatique adroit, dispersées plutôt que battues par des troupes réguliérement ordonnées & bien commandées, pourvues surtout d'artillerie, (au moins des pieces de canon attachées aux bataillons) mais on est très surpris de voir ces mêmes paysans se couvrir & se fortifier à l'entrée d'une gorge par un parc de chariots, s'y défendre courageusement, & maintenir leur poste contre l'attaque réguliere du Colonel *Rebinder* jusqu'à ce que ce retranchement fût forcé, c'est à dire vraisemblablement, jusqu'à ce que les chariots entierement brisés par le canon, n'ayent plus laissé d'obstacles à vaincre entr'eux & un ennemi supérieur: suivant la relation, la troupe de *Scheick* n'étoit que de 600 hommes. Il paroît que le parti de la plus prompte retraite étoit alors le seul qu'il convînt à ces Tartares de prendre.

On est convaincu de la pureté de l'intention de *Scheick* en se retirant le 1er quand

(*) Second volume page 145.

on le voit le 2d attaquer lui-même le Colonel *Rebinder*, & le faire avec assez de succès contre le Régiment des Carabiniers de *Rostow* pour que le Régiment d'*Astrakan* Dragons & un bataillon de Grenadiers ayent dû voler à son secours pour le dégager.

L'homme de guerre observera que ce choc impétueux d'une troupe de paysans montés contre un Régiment de Cavalerie réguliere, est la suite d'une embuscade préparée par un guerrier assez intelligent pour avoir calculé le moment où le Régiment de *Rostow* prêteroit le flanc à la surprise; il reconnoîtra dans la troupe exposée à se trouver sous le couteau des Cavaliers Russes, une espece d'appât tendu à l'ardeur de ces derniers pour les amener juste au point où il falloit, pour que la troupe embusquée les chargeât avec avantage. Ces calculs éclaireront surement l'homme de guerre qui les fera, sur l'espece des aides de camp que *Scheick-Mansur* a auprès de lui.

Le Chef tartare repoussé dans cette seconde attaque, où il paroît cependant que les Russes ont eu besoin d'avoir pour eux le nombre & l'ordre, fait dès le lendemain même une troisieme tentative, après avoir grossi sa troupe de quelques peuplades voisines qui l'avoient joint. Le journal indique la cause de sa troisieme retraite; le Général-Major Prince de *Ratyjew* marche au secours du Colonel *Rebinder* (preuve que cela étoit nécessaire) & la troupe Tartare se disperse par l'effet d'un feu vif & soutenu qu'ils ne peuvent soutenir.

On observe que dans cette expédition, il ne se trouve pas un seul Tartare prisonier.

C'est à cette troisieme dispersion, à l'incendie de quelques pauvres habitations & à l'enlevement de quelques comestibles que se bornent les succès des trois Colonnes commandées par le Lieutenant-Général de *Potemkin* qui reprend le 6 du mois d'Octobre le chemin de ses quartiers.

La colonne conduite par le Général *Jelagin* marche avec le même ordre, prend les mêmes mesures, & trouve la même résistance ; un corps de 2000 de ces irréguliers est attaqué par un corps régulier de forces à peu près égales commandées par le Brigadier *Bulgakow* & n'est dispersé qu'après un combat de deux heures. Le Colonel *Depreradowitsch* est pendant trois jours de suite aux mains avec les habitans de quelques bourgades ; le dernier de ces combats dure pendant sept heures, & les Tartares y mettent assez d'acharnement pour que le Général-Major *Jelagin* lui-même croie devoir s'avancer pour soutenir le Colonel.

L'enlevement de quelques bêtes à cornes & la dispersion de ces paysans est tout le fruit qu'on retire de ce côté d'une expédition qui a coûté environ 200 hommes aux Russes.

C'est sur le journal même, tel qu'il a

été envoyé par le Feld-Maréchal Prince de *Potemkin*, (*) que l'obſervateur en conclud, comme il faiſoit de l'expédition du 2 Octobre ſur Kynburn, qu'une nouvelle réunion des Tartares du Cuban a déjà eu lieu au moment qu'il l'écrit, & que ſi elle a été ſans ſuccès, il y en aura une troiſieme & une quatrieme juſqu'à ce que ces Tartares ayent rempli leur objet ſur les poſſeſſions ruſſes des deux rives du Cuban, pour couper, ſi cela leur eſt poſſible, la communication entre le Don, l'Isle de Taman, & la Crimée, & concourir au ſuccès des attaques qui ſe feront de cette Péninſule ſur la gauche du Dnieper.

On remarquera que l'époque de la réunion des Tartares du Cuban eſt la même que celle de la tentative du 2 d'Octobre ſur Kinburn, & cette correſpondance d'exécution ne laiſſe pas de doute ſur le point d'où l'ordre eſt parti, ni ſur l'objet que le Viſir a eu en vue en le donnant.

En même tems qu'on trouve dans tout ce qui s'eſt paſſé & ce qui ſe prépare du côté du Dnieſter & dans les deux parties orientales & occidentales de la Crimée, des nouvelles indications de l'offenſive que la Porte cherche à prendre contre la Ruſſie, (**) la ſincérité avec laquelle l'obſervateur cherche la vérité, ne lui permet pas

(*) On peut le croire rédigé, ſous l'aſpect le plus favorable.

(**) Second volume page 40.

de diſſimuler qu'il craint de s'être trompé ſur les meſures de prévoyance dont il a fait honneur au Grand-Viſir ſur le Danube (*) Les détails qu'il trouve conſignés dans les feuilles publiques ſur la dépoſition d'un homme dont le nom & l'état (**) annoncent vérité & connoiſſance, prouvent au contraire une inexcuſable ſécurité de la part du miniſtere ottoman. Dans l'intime perſuaſion où l'on eſt que les négociations conciliatoires n'auront point le ſuccès qu'on s'en promet, on ne voit rien qui puiſſe motiver cette confiance du Viſir dans les diſpoſitions pacifiques de la cour de Vienne.

On perſiſte d'autant plus à regarder toute eſpérance de conciliation, comme illuſoire, que l'on ſeroit fort tenté de croire, au contraire, que malgré l'opinion qu'on avoit (***) que tout ſe réduiroit cette année-ci ſur le Danube, la Save & la Theyſe à des marches reſpectivement préparatoires d'attaque & de défenſe juſqu'à l'ouverture naturelle de la campagne, il pourroit encore y avoir avant cette époque quelque hoſtilité marquante de la part des Autrichiens; on le juge ſur les diſpoſitions d'une partie de l'artillerie impériale & ſur le reſſerrement extraordinaire des troupes en Syrmie; on le juge encore plus ſur le beſoin qu'on croit que la Ruſſie a réellement de cette diverſion.

(*) Second volume page 15.
(**) M. de Sauvebœuf Conſul françois à Iſpahan.
(***) Second volume, page 97.

LETTRE

OBSERVATIONS

Du 26 Décembre.

Le Jugement qu'on avoit porté ſur les vues offenſives de la Porte du côté du Dnieſter ſe confirment par toutes les lettres de Pologne. Le beſoin qu'on auguroit que la Ruſſie, malgré ſes avantages de Kynburn & du Cuban, pouvoit avoir d'une prompte diverſion de la part de ſon puiſſant allié, paroît être juſtifié par la tentative qu'un corps de troupes autrichiennes a fait ſur Belgrade. On ne ſe permettra qu'une ſeule réflexion ſur cette levée improviſte de bouclier, c'eſt qu'elle paroît annoncer bien poſitivement ce qu'on préſumoit de la grandeur des vues de *Joſeph II* & de la fidélité avec laquelle il rempliroit au moins les clauſes de ſon alliance avec *Catherine II.* Cette déciſion éclatante de la part de la cour de Vienne eſt de nature à lever tous les obſtacles que les Polonois oppoſés à la Ruſſie pouvoient élever, & avoient même déjà commencé à élever dans les différens Palatinats contre la formation des magaſins ruſſes. Cette déclaration ſolemnelle de l'Empereur doit auſſi déterminer la République de Pologne ſur le ſeul parti qu'elle ait à prendre dans ces circonſtances ſi critiques pour elle. Il y a toute apparence qu'elle n'héſitera plus à faire cauſe commune contre les Turcs avec les deux cours impériales. On n'a jamais douté que ce ne fût le déſir du Roi & de la grande partie du conſeil permanent, & on ne croit plus après les hoſtilités décidées de la part de l'Empereur, que le voiſinage d'une armée turque ſoit ſuffiſant aujourd'hui pour inſpirer confiance à ceux des Polonois qui ſont dans des ſentimens oppoſés à ceux de leur Roi & de la Ruſſie.

Il n'y a plus que l'appui ſeul du Roi de Pruſſe qui puiſſe inſpirer confiance & courage à la minorité des magnats, mais (quoique ce Parti d'oppoſition de la part de *Frédéric-Guillaume* fût peut-être dans l'ordre des grands principes de politique) on ne voit rien à cet égard qui puiſſe motiver des eſpérances. Celles qu'il paroît que les Polonois mettent encore dans l'éloignement du danger, ſur l'éloignement habituel des Turcs pour les campagnes d'hyver, pourroient n'être pas plus fondées. On l'a déjà dit & on le répete, la Porte paroît avoir renoncé tout de bon à l'uſage des calmants, elle a préféré l'uſage du fer à tous riſques & périls ; & elle peut ſentir de même combien il lui importe de profiter d'un tems qui ne peut être que contr'elle s'il eſt prolongé. Tout porte à juger que cette puiſſance ſuccombera, & ſa chute doit être celle de ſon Empire en Europe, mais on croit auſſi que ce triomphe ſera acheté.

On croit que ſurtout dans la mer noire, les opérations des Turcs ne feront pas arrêtées en entier par l'hyver, & on le juge principalement ſur l'arrivée de Capitan-Pacha, & ſur l'intérêt perſonel qu'il a à faire oublier par de grands ſuccès ſur la mer noire la mediocrité de ſon expédition d'Egypte. On a quelques raiſons de n'ajouter aucune foi à la prétendue inimitié qui oppoſe cet Amiral au Grand-Viſir; ce dernier a donné les preuves les plus ſignalées de valeur & de jugement à Tſcheſma: toutes les préſomptions ſont en faveur de la fermeté & de l'intelligence du ſecond, & il eſt bien difficile que deux hommes dans des places auſſi élevées, liés par un intérêt commun à la gloire de leur Empire, ne le ſoient pas entr'eux par la confiance & l'amitié.

PUBLICATION

des Etats d'Hollande.

Le 12 de Décembre 1787.

„ Attendu qu'à notre ſenſible douleur, nous apprenons tous les jours, que, nonobſtant les meſures que nous avons priſes pour rétablir le repos & la ſûreté publique dans ce pays, particulierement notre ſérieuſe admonition du 9 Octobre dernier, quelques perſonnes néanmoins ne craignent point d'y contrevenir d'une maniere exhorbitante, & de faire durer par là ſans ceſſe la confuſion & les déſordres: Qu'auſſi, lorſque nous conſidérons les cauſes, qui donnent occaſion à ces irrégularités, il nous a clairement paru qu'elles ſe trouvent, d'un côté, en grande partie dans un zele pervers & puniſſable de pluſieurs de nos citoyens à prendre pour objets de leur averſion leurs concitoyens, qu'ils ſoupçonnent ou qu'ils ſont aſſurés ne pas être bien diſpoſés pour l'ancienne & légitime forme de Gouvernement de leur province, & de venger les offenſes qu'ils pourroient en avoir reçues, par des voies de fait réciproques, au lieu de laiſſer l'examen & le jugement de leurs procédés au juge compétent; mais auſſi que, d'autre part, beaucoup de perſonnes inquiétes, qui ont manqué leur but déteſtable pour renverſer cette forme de Gouvernement, s'attachent encore aujourd'hui à ſemer, non-ſeulement par des voies cachées mais même publiquement, le germe de la diſcorde dans le pays & à exciter le peuple à des excès, afin de priver, s'il leur étoit poſſible, cette province des fruits ſalutaires de l'heureuſe révolution, & à la faveur des commotions qu'ils auroient eux-mêmes fomentées, de pouſſer leurs vues ruineuſes pour le pays. „

„ A ces cauſes, voulant y pourvoir, en renouvellant & ampliant nos ordonnances précédentes, particulierement notre admonition ſus-mentionnée, nous défendons à tous & chacun de moleſter qui que ce ſoit, ſans autorité du juge, dans ſa perſonne ou ſes biens en aucune façon, ſoit en l'injuriant, lui caſſant les vitres, pillant ſa maiſon, le dépouillant par voies de fait de ſon poſte ou charge ; de l'inſulter en aucune autre façon ou de l'intimider & de l'inquiéter dans le ſéjour tranquille qu'il feroit à l'endroit de ſa demeure ; comme auſſi nous ne défendons pas moins ſérieuſement de donner par paroles, faits, ou écrits, aucune occaſion à ce que l'ardeur à commettre de pareils excès ſoit excitée, particulierement de rien entreprendre, qui puiſſe tendre directement ou indirectement à bleſſer le reſpect du haut Gouvernement, de la perſonne, de la maiſon, ou des dignités de S. A. S. Mgr. le Prince Stadhouder héréditaire ; ou de la Révolution ſi déſirée & ſi viſiblement favoriſée par le ciel, vu que tous ceux qui ſe rendroient coupables de l'un ou de l'autre des faits mentionnés ci-deſſus, ſeroient punis, comme perturbateurs du repos public, de peine corporelle, même de mort, ſuivant l'exigence du cas.„

„ Ordonnons & enjoignons de plus bien expreſſément à notre Procureur-Général ainſi qu'à tous autres officiers du pays, de procéder contre tous ceux qui ſe ſont rendus ou ſe rendroient encore coupables de quelqu'un de ces faits, de telle façon que l'exige l'autorité du pouvoir ſouverain, & d'exécuter notre préſente publication ſtrictement & préciſément, ſans aucune connivence ni diſſimulation, à peine que les officiers & juſticiers, qui feroient négligens à cet égard, feront non-ſeulement privés de leur office, mais corrigés de plus & punis ſuivant l'exigence du cas, comme auſſi nous ordonnons bien ſérieuſement à tous Ecoutetes & Juſtices au plat-pays, de porter tout ce qu'ils pourroient découvrir de contraire à la teneur de la préſente le plus promptement poſſible à la connoiſſance de l'officier de leur village ou diſtrict, à peine, en cas d'omiſſion, d'être corrigés à cet égard: &, afin que ces forfaits, qui irritent la divinité, qui nous affligent ſi ſenſiblement ainſi que S. A. S. Mgr le Stadhouder-héréditaire, & qui déshonorent si fort le zele pour l'ancienne constitution, soient d'autant mieux arrêtés, nous promettons à tous ceux qui découvriront un des principaux auteurs, chefs ou boutefeux de pareilles violences & troubles du repos public, d'une maniere convaincante, une récompense de mille florins, & de plus l'impunité, au cas que, sans être du nombre des auteurs, chefs ou instigateurs, il se fût rendu coupable de l'un ou de l'autre des faits, mentionnés ci-dessus. Et afin que personne n'en prétende cause d'ignorance &c. „

De nouvelles violences exercées à Delft & à Rotterdam jointes à l'événement arrivé le 7 à la bourse d'Amsterdam, ont déterminé la nouvelle publication de LL. NN & G. P. Le haut Gouvernement commence à redouter les effets possibles de cette fermentation dangereuse; le Prince stathouder lui même en est affligé.

On remarque par la teneur même de l'ordonnance que LL. HH. & N. P. en attribuant d'une part ces désordres à un zele déshonorant pour la cause stadhoudérienne, les rejettent en même tems aussi en partie sur des menées sourdes & artificieuses du parti opposé; ce qui suppose donc que ce parti existe encore, qu'il peut aspirer à regagner ses avantages, & qu'il se propose à profiter pour arriver à cette fin, de l'indignation publique que doivent exciter des vexations qu'il souffle & excite lui-même.

Ces deux caufes du mal fuffifent d'autant plus pour allarmer fur les fuites qui en peuvent réfulter, qu'elles fe combinent mutuellement pour perpétuer le mal, & qu'elles peuvent le porter au point de néceffiter des coups d'autorité qui intérefferoient également les deux partis. On ne croit pas que cet objet à préparer puiffe être une troifieme caufe motrice aux deux qui font indiquées par les Etats d'Hollande, mais il fuffit qu'elle foit poffible pour troubler tout citoyen, de tel parti qu'il foit, qui aime le nom républicain; celui qui eft impartial & ennemi de toute efpece d'effervefcence, n'a pas attendu ce moment pour s'allarmer. L'afpect d'une garnifon étrangere ne lui a jamais paru un moyen propre à confolider la paix dans un Gouvernement libre.

L'ordonnance de L. N. & G. P. eft au refte bien plus réfléchie que la publication de MM. d'Amfterdam; elle fe rapproche de ce que l'obferyateur avoit mis dans la bouche des républicains impartiaux, en exigeant que le citoyen même connu pour être dans des fentimens contraires au parti dominant & conftitutionel, ne foit point troublé dans fa tranquillité ni molefté dans fes biens. On s'étonne que la fageffe de leurs Nobles & grandes Puiffances n'ait pas été jufqu'à l'interdiction de la couleur fatale qui, tel autre moyen qu'on employe, reftera toujours un fignal de ralliement pour les uns & un objet de ralliement pour les autres. On eſt perſuadé que le Prince ſtathouder pourroit être facilement porté à faire lui-même cette demande formelle aux Etats, & on penſe qu'on pourroit tirer un grand avantage de cet acte de ſa part d'indulgence & d'amour du bien public.

Au moins eſpéreroit-on par là d'éviter le déſordre, & de ranimer un calme dans les eſprits, qui bien ménagé, pourroit à la fin opérer cette réunion ſi déſirée qui a fondé la République & qui ſeule peut la conſerver (*).

(*) Premier volume, page 8.

LETTRE

A L'EDITEUR.

C'eſt au mois d'Août, M., que je vous ai remis mes Mémoires & ma Coreſpondance ſur les affaires de Hollande. Le jugement que j'avois porté de l'inſuffiſance des meſures qu'on avoit priſes & de la néceſſité de celles qu'on avoit négligées, étoit alors prêt à ſe confirmer. L'intérêt que je continuois de prendre à la cauſe patriotique, pour être gratuit, n'en étoit pas moins vif. Le tems des moyens étoit paſſé; je profitai de la publicité de la lettre que je vous écrivois pour indiquer les reſſources. Le plus prompt ſacrifice de tout intérêt particulier au bien général de l'Etat, à l'aſpect imminent du danger collectif, pouvoit ſeul ſauver la République; l'animoſité reſpective rejettoit la ſageſſe de ce conſeil; ce n'étoit plus qu'à force d'argent & de ſang que les patriotes pouvoient ſe ſoutenir; la parcimonie héſitoit ſur le premier, il ne reſtoit à la bourgeoiſie que ſon courage. Ce courage a été mal dirigé. Il n'a point été ſoutenu; il devoit ſuccomber. L'entrée de M. le Duc régnant de *Brunſwick* à la tête d'un corps d'armée pruſſienne a accompli l'horoſcope que j'en avois tiré un an auparavant.

En annonçant que la deſtinée de l'Etat républicain dépendroit de l'interpoſition armée de S. M. P. j'avois ajouté que la cour de Londres prendroit part à la querelle; le beſoin qu'avoit cette puiſſance de diſſoudre l'alliance récemment conclue entre la France & la République, pour y ſubſtituer la ſienne, étoit le premier intérêt d'Etat ſur lequel j'avois auguré que le cabinet de S. *James* détermineroit ſes réſolutions. La déclaration comminatoire de la cour de Londres & les armemens reſpectifs des deux puiſſances ont juſtifié qu'au moins comme poſſibilité, cette prévoyance étoit fondée. La convention du 27 d'Octobre a ſuſpendu la réalité.

J'ai cherché, & de bonne foi, depuis cette époque à ſuivre la politique de la cour de Londres, malgré l'obſcurité des détours dont elle a caché ſa marche, & mes réflexions m'ont invariablement ramené à une guerre indiſpenſablement inévitable entre la France & l'Angleterre. Les mêmes réflexions en ont déterminé l'époque à l'année que nous allons commencer.

C'eſt avec la même ſincérité que j'ai eſſayé d'examiner ſous toutes les faces poſſibles la marche des négociations entre la Porte & la Ruſſie, & j'ai été toujous convaincu par la force des raiſons que ces négociations, telle forme qu'on voulût leur faire prendre, n'auroient aucun succès.

La nouvelle de Belgrade, de telle façon que l'événement se soit passé, est de nature à donner quelque poids à ce que j'ai constamment présumé de la grandeur des vues de *Joseph II* & de la fidélité avec laquelle ce Prince rempliroit, au moins, les engagemens qu'il avoit pris avec *Catherine II.*

Il est bien difficile de ne pas prévoir une explosion générale si la France & l'Angleterre entrent en guere au couchant de l'Europe en même temps que les deux cours impériales & la Porte la feront dans le Levant. L'aspect seul des relations habituelles de ces puissances capitales avec celles d'un ordre inférieur équivaudroit à une démonstration, & les subsidiaires que la cour de Londres travaille depuis plus d'un an à s'assurer en Allemagne ajoutent encore à la preuve.

Cette commotion occasionera-t-elle effectivement, ainsi que je l'ai annoncé, des déplacemens non seulement intéressans à notre Europe, mais au globe entier? je ne l'ai pas affirmé, mais je l'ai crû, & le crois toujours très possible. J'ai réfléchi & écrit sur l'avenir, c'est lui qui me jugera.

Voilà, M., les points principaux sur lesquels a porté ma prévoyance; les autres sont des corollaires accessoires dont le développement dépendra beaucoup ſans doute des circonſtances & des événemens, mais ils ſont tous dans le calcul des poſſibles, & ſous cet aſpect des objets à prévoir & à prévenir.

Je crois devoir finir mes obſervations avec l'année ; & je vous préviens que celles-ci feront les dernieres.

Tout ce que je puis me permettre de dire de plus, c'eſt que je crois voir le ſort d'une très grande guerre & les événemens qui en réſulteront dans la main du Roi de Pruſſe. Il ſeroit peut-être dans les grands principes de la politique, que ce Prince prît un parti qui rapprochât de l'équilibre, mais je ne puis pas douter de ſes liaiſons actuelles avec l'Angleterre, & de celles qui s'établiſſent dans le même tems entre les cabinets de Berlin, de S. James & de la Haye ; je ne crois pas que la cour de Londres ceſſe jamais d'être l'amie des deux cours impériales, & je vois de plus que ces deux cours ont des objets bien ſéduiſans à offrir à *Frédéric Guillaume*; je me borne à fixer les yeux ſur Danzig, & je craindrois que la ſatisfaction d'aller plus loin que *Frédéric II* dans la Pruſſe occidentale, ne fût bien propre à tenter un ſucceſſeur.

Cette derniere réflexion peut en faire faire beaucoup aux ſpéculateurs. Je laiſſe à l'hyver à les déterminer ; je me flatte qu'on ne ſe méprendra point aux motifs reſpectueux qui m'empêchent de parler du préſent pour l'avenir.

Au point où ſont les choſes, je ne dois pas craindre, du moins, qu'on m'accuſe de perdre la partie en la quittant.

FIN.

TABLE

Des matieres contenues dans le second Volume.

	page
Déclaration préliminaire de Russie.	1
Observations du 29 Oct.	8
Extrait des Résolutions de LL. N. P. les Etats d'Utrecht,	33
Observations sur l'extrait des résolutions des Etats d'Utrecht.	35
Déclaration de l'Ambassadeur Britttannique.	50
Contre-déclaration.	51
Observations du 12 de Nov.	53
Observations du 12 de Nov.	67
Observations du 14 de Nov.	75
Lettre de Londres du 27 Oct.	81
Observations du 15 de Nov.	84
Observations du 20 de Nov.	89
Extrait des Résolutions des Etats d'Hollande sur la proposition de la ville d'Enchuizen.	101
Observations sur l'extrait.	104
Pro Memoria pour l'ordre de Malte de S. Jean.	108
Etat des commanderies & biens prétendus par l'ordre de S. Jean dans les provinces-Unies.	121
Observations sur le pro memoriâ.	123
Relation de l'affaire de Kynburn.	131

Observations du 29 Nov. 136
Extrait des Résolutions des Etats de Hollande sur la proposition de la ville de Hoorn. 148
Observations du 2 Décemb. 150
Convention du 27 d'Octobre. 164
Ecrit de Berlin du 13 Nov. 169
Observations du 29 Nov. 173
Observations du 5 Déc. 175
Observations du 8 Déc. 178
Observations du 13 Déc. 199
Observations du 19 Déc. 206
Publications du magistrat d'Amst. & observation. 123
Journal du Cuban. 233
Observations sur le Journal du Cuban. 237
Observations du 26 Déc. 241
Publication des Etats d'Hollande du 12 Déc. 244
Lettre à l'Editeur. 250

Fin de la Table.

ERRATA

du second Volume.

Page	Ligne	
10 .	34 .	dégraantes, *lisez* dégradantes
12 .	2 .	cru, *lisez* vû.
17 .	5 .	conformer, *lisez* confirmer,
41 .	5	missent *lisez* ne missent;
41 .	14	qu'ils, *lisez* qu'elles
44 .	13 & 14	sont relatifs *lisez* est relative
81 .	.	Datte de la lettre: 29 d'Octobre *lisez* 7 de Novembre
87 .	29 .	que celles *lisez* que ceux
87 .	30 .	elles, *lisez* ils
95 .	12 .	troupe d'avant garde *lisez* troupe de l'avant garde
97 .	28 & 29	retrocedât *lisez* ne retrocedât
103 .	21 .	réformer *lisez* reformer
142 .	29 .	ne fûssent *lisez* ne fîssent
154 .	3 .	tâché *lisez* taché
158 .	21 .	qu'elle croit *lisez* qu'on croit
167 .	4 .	paroitre *lisez* devenir
172 .	2 .	du Kinburn *lisez* de Kynburn
197 .	1 .	à défendre, *lisez* à dissoudre

209.	2	n'appuierent, *lisez* n'appuient
213.	2	18,166 *lisez* 183,166
238.	21	fût *lisez* soit.

www.ingramcontent.com/pod-product-compliance
Ingram Content Group UK Ltd.
Pitfield, Milton Keynes, MK11 3LW, UK
UKHW020208250726
13967UKWH00003B/1332

9 782013 469838